내 아이를 위한

사랑스러운 아동복 만들기

HANDIS

message

꽃잎처럼 살랑살랑 흔들리는 스커트,

나뭇잎 사이로 비치는 차분한 원피스,

떨어지는 낙엽과 함께 장난치는 바지와

온기를 감싸는 따뜻한 코트...

우리 아이에게 줄

작은 이야기를 만들기 위한 마법을,

원단 한 장을 고른 다음

저와 함께 시작해 보세요.

아름다운 마법을 위해 필요한 건

부지런히 움직이는 사람의 손과

아이를 향한 따뜻한 눈길,

단지 그것뿐입니다.

contents

오픈 칼라 반소매 원피스

풍성한 옆주름이 포인트인 오픈 칼라 원피스입니다. 꽃망울 모
양의 실루엣으로 한층 더 귀엽게 만들었습니다. 표면 질감이
있는 원단으로 만들면 더욱 빛나는 작품이 완성됩니다.

HOW TO MAKE > P.52

양 사이드에 절개를 넣고 주름을 충분히 잡았습니다.
긴소매로 변형이 가능하며(P.34), 원단 소재만 바꾸면
사계절 내내 입을 수 있습니다.

02   yulan

프릴 칼라 블라우스

프릴 칼라가 멋스러운 블라우스입니다. 등 뒤에서 끈을 묶어
입는 디자인이기 때문에 한 벌만 걸쳐도 멋스러운 아이템이 됩
니다. 힘이 있는 리넨으로 만드는 것을 추천합니다.

HOW TO MAKE > P.55

프릴을 돋보이게 하는 심플한 디자인입니다. P.24의 원피스와 기본형은 같기 때문에 취향에 맞춰 변형을 즐겨보세요.

<u>03</u>   repens

주름 팬츠

2가지 디자인으로 입을 수 있는 팬츠입니다. 밑단을
조여서 입는 호박 실루엣의 팬츠와 와이드하게 입을
수 있는 팬츠 2가지로 제작하여 입을 수 있기 때문에
사용하는 원단에 따라 디테일을 선택해보세요.

HOW TO MAKE > P.58

시크한 색상의 리버티 원단으로 어른스럽게
만드는 것이 포인트입니다. 안요크는 단색 리
넨으로 매치했습니다.

얇고 부드러운 소재로 만들면 착용감이 뛰어
납니다. 싸개 단추 등 디테일에 신경써서 만
들었습니다.

helium의
작은 아뜰리에서

helium은 그리스어로 태양을 뜻하는 단어입니다.

따뜻하게 쏟아지는 햇빛은 누구에게나 평등하며,

우리의 생명을 지켜줍니다.

그 대범함을 동경하여 이름을 지었습니다.

그런 태양을 빗대어, helium도 여러 사람들의 이야기를 귀담아 들으면서

그 안에 helium만의 디자인 감성을 잊지 않고

항상 마음에 새겨두고 있습니다.

의상은 사람마다 입는 스타일이 다르기 때문에

helium은 가능한 미니멀한 디자인을 중심으로

마음을 흔드는 감각적인 디테일에 신경을 쓰고 있습니다.

1. 방 한쪽 구석에 놓인 미싱 코너. 여기에서
   helium의 아이 옷이 탄생합니다.

2. 시행착오를 거쳐 완성한 오리지널 패턴.

3. 촉감이 좋은 리넨과 부드러운 감촉의 코
   튼 소재를 선택합니다.

4. 한 벌 한 벌 생각을 담아가면서 내 마음에
   딱 맞아떨어지는 디자인을 찾아 창작하고
   있습니다.

경험과 시행착오 그리고 클래식한 것에서

힌트를 얻어 우리의 삶이 조금 더 풍요로울 수 있도록...

그런 생각이나 고민을 담아 만들었습니다.

소잉은 늘 감각적인 일이라...

말로만 표현하기에 어려움이 있기 때문에

이 서적을 통해 아름다운 소잉의 세계로 빠져보세요.

04 lily

세일러 칼라 셔츠

HOW TO MAKE > P.60

세일러 칼라 셔츠는 helium의 가장 인기 있는 기본 아이템입니다. 심플함 속에 사랑스러움이 더해지도록 모노톤의 원단으로 만들었고, 앞 여밈에 스웨이드 리본을 달아 포인트를 주었습니다.

크게 벌어진 스퀘어 모양의 칼라와 밑단에 턱을 잡은 입체적인 실루엣으로 심플하면서 세련된 디자인입니다.

뒷모습이 포인트가 되는 세일러 칼라입니다. 소매가 없어 간단하게 만들 수 있는 것도 매력입니다. 힘이 있는 얇은 리넨으로 만드는 것을 추천합니다.

05   moon

블루머

둥근 달님같은 실루엣이 사랑스러운 블루머
입니다. 풍성한 볼륨이 포인트이며, 만드는
방법도 간단하여 소재와 색상만 바꿔도 다양
한 블루머를 만들 수 있습니다.

HOW TO MAKE > P.62

왼쪽의 2벌은 코듀로이 원단으로, 오른쪽 아래는 연한
보랏빛 리넨을 사용했습니다. 사용하는 원단에 따라 느
낌이 변하는 것도 매력입니다.

06   inner top & bottom

이너 상의&하의

실내복은 물론, 물놀이할 때도 활용할 수 있는 탱크톱
과 팬츠 세트입니다. 색상과 무늬를 바꿔 만들면 옷의
인상도 확 바뀝니다. 리넨처럼 촉감이 좋은 원단으로
만들어 주세요.

HOW TO MAKE > P.64

뒤트임과 단춧고리로 뒷모습도 사랑스럽게 만든 아이템입니다. 상의 단추와
팬츠 옆선에 빨간 실로 포인트를 더했습니다.

07 sundress

선 드레스

주름과 프릴을 풍성하게 잡아 움직일 때마다 가볍
게 흔들리는 실루엣이 아름다운 선 드레스입니다. 화
려한 무늬가 포인트인 아이템이기 때문에 마음에 쏙
드는 원단을 골라 만들어주세요.

HOW TO MAKE > P.66

광택이 아름다운 코튼 새틴에 프린트한 원단으로 만들었습니다. 무늬를 어떻게 잘 보여줄지 구상했으며, 셀비지 부분을 프릴로 사용했습니다.

봄과 여름의
코디네이트

프릴 칼라 블라우스와 세일러 칼라 셔츠는 주름 팬츠와 조합해도 멋스럽습니다.
P.30의 멜빵바지와 코디하여 입는 것도 추천합니다. 촉감이 좋은 리넨 원피스는
원피스만으로도 귀여운 코디를 완성할 수 있습니다.

Hana	Nanaka	Niu

04 lily

세일러 셔츠 > P.16

02 yulan

프릴 칼라 블라우스 > P.8

01 lale

오픈 칼라 반소매 원피스 > P.6

03 repens

주름 팬츠> P.10

03 repens

주름 팬츠> P.10

08   lamp

프릴 칼라 원피스

프릴에 핀턱, 뒷단추까지 여자아이의 로망을
꽉 채워서 만든 원피스입니다. 내추럴한 느낌
의 라미 리넨은 촉감이 뛰어나 외출복에 안
성맞춤인 소재입니다.

HOW TO MAKE > P.55

P.8의 블라우스와 기본형은 같습니다. 핀턱을
없애거나 뒤트임을 리본으로 바꾸는 등 다양하
게 변형을 즐길 수 있습니다.

흔들
흔들

흠흠!

<u>09</u> apron

에이프런

레이어드가 즐거워지는 에이프런입니다. 가슴 쪽에
주름을 잡아 소녀스럽게 만들었습니다. 양 옆선에 끈
을 달아 묶는 심플한 디자인이기 때문에 입고 벗기
편한 아이템입니다.

HOW TO MAKE > P.68

P.24의 프릴 칼라 원피스와 잘 어울리는 아이템입니다. 힘이 있는 얇은 리넨으로 만들면 실루엣이 두드러져 청초한 분위기가 연출됩니다.

$\underline{10}$ circuitus

긴소매 셔츠

아동 사이즈이기 때문에 가능한 이 디자인은 칼라에서부터
앞 여밈과 밑단까지 안단을 잡아 만들었습니다. 두툼한 원
단으로 만들면 겉옷으로도 입을 수 있습니다.

HOW TO MAKE > P.70

베이스볼 셔츠풍의 유니섹스한 디자인으로 남아 여아를 불문하고
입을 수 있습니다. 밑단 라인이 포인트인 아이템입니다.

₁₁ polar

멜빵바지

허리 부분에 조임 없이 가볍게 착용할 수 있는
멜빵바지입니다. 등쪽의 고리에 어깨끈을 통과
시키는 클래시컬한 디자인입니다. 어깨끈 길이
를 조절할 수 있어 오래 입을 수 있습니다.

HOW TO MAKE > P.72

요크와의 절개 부분에 주름을 잡아 봉긋한 실루엣을 만들었습니다. 밑단을 롤업하여
발목을 조금 보이게 해서 입으면 훨씬 세련된 스타일이 완성됩니다.

Fall
Winter
coordination

가을과 겨울의
코디네이트

시크한 원피스에 어두운 컬러의 타이츠를 매치하거나, 소녀같은 원피스에 에이프런으로
레이어드하여 스타일을 즐겨보세요. 긴소매 셔츠와 멜빵바지에 부츠를 매치하여 보이시
하게 입어도 멋스럽습니다.

Hana	Niu	Nanaka

12 Noelle

오픈 칼라 긴소매 원피스> P.34

10 circuitus

긴소매 셔츠 > P.28

08 lamp

프릴 칼라 원피스> P.24

11 polar

멜빵바지 > P.30

09 apron

에이프런> P.26

$\underline{1\,2}$ Noëlle

오픈 칼라 긴소매 원피스

크리스마스 같은 특별한 날에 입기 좋은 원피스입니다.
칼라에 코듀로이 원단이나 다른 소재를 매치하면 포인트
가 되는 멋스러운 아이템입니다.

HOW TO MAKE > P.52

차분한 분위기의 카키 그린 글렌체크에 코듀로이
를 매치한 칼라가 악센트 역할을 합니다.

13   fur tippet

퍼 티핏

목을 따뜻하게 감싸주는 티핏은 추운 겨울에
가지고 있으면 유용하게 사용할 수 있는 아
이템입니다. 자석 단추로 되어있어 어린아이
도 간단하게 입고 벗을 수 있습니다.

HOW TO MAKE > P.78

14   fur hat

퍼 햇

퍼 티핏과 세트인 귀덮개가 달린 모자입니다.
머리에 쓰는 방법을 2가지로 즐길 수 있어 멋
내기 좋은 아이템입니다. 귀덮개를 내리면 방한
도 되어 실용성이 좋습니다.

HOW TO MAKE > P.79

<u>15</u>   syne

아우터

몸판에 케이프가 달린 인버네스 코트풍의 망토
입니다. 팔의 움직임을 불편하지 않게 만들었기
때문에 아이들이 편하게 입을 수 있습니다.

HOW TO MAKE > P.75

뒷모습이 클래시컬한 인상을 줍니다. 케이프에
단추가 무심한 듯 시크한 악센트 역할을 합니다.

helium의
작은 아뜰리에에서

예쁜 아이 옷 만들기를 좋아하는 여러분과 마찬가지로,
저도 우리 아이에게 멋진 옷을 입혀주고 싶어 시작한 일입니다.

빠르게 지나가는 삶의 반짝이는 순간들..
딸과 함께 보낸 지난 나날들을 되새겨 보면, 잊고 있었던
나의 어린 시절도 생각이 납니다.

꽃의 미묘한 색감, 아침 하늘의 눈부심,
저녁 무렵의 노을, 계절과 계절 사이의 반짝임...
딸과 함께 하지 않았다면,
그런 소소한 기쁨들은 그저 스쳐 지나가 버렸겠지요.
이제는 그 모습이 하루하루의 양식이 되고,
창작 생활의 기반이 되어가고 있습니다.

제가 디자인한 아이 옷 만들기를 통해
내 안의 숨겨져 있던 모성을 일깨우고,
또 소중한 나의 어린 시절을 돌이켜볼 수 있는
아름다운 시간을 보냈으면 합니다.

이처럼 창작의 근원이 될 소중한 것들은

어느 누구라도 분명히 갖고 있다고 생각합니다.

다만, 아이들 옷을 디자인할 때에는

아이들 자체가 워낙 매력적이어서..

아이 옷 만들기를 본업으로 생각하면서도

더욱 특별한 무언가를 만들어 내는 것이 힘들 때도 있습니다.

그래서 막상 "이 일을 어디까지 할 수 있을까?" 라는

생각도 하게 되지만,

지금은 저의 가능성을 단순히 즐기고 있습니다.

작품을 만들다 보면 가끔 용두사미가 되어버리기도 하지만,

본래 만들기는 손을 움직이는 그런 단순한 즐거움이

최고의 원동력이 된다고 생각합니다.

딸과 함께 집중하며 종이접기를 할 때에도

똑같이 즐거우니까요.

아이들이 점차 성장하면서 열심히 만든 옷은

슬프게도 입지 못하게 됩니다.

그래서 예쁜 옷을 입고 있는 아이 모습을 카메라로 찍고,

앨범을 만들어 오래오래 곁에 남겨 두었으면 좋겠다고 생각합니다.

언젠가 우리 아이가 부모가 되었을 때 선물하는 것을 꿈꾸면서..

아이 옷 만드는 일을 하면 어린아이와의 만남도 잦습니다.

순수하게 마음을 활짝 열고 다가와주는 아이들은

그저 존재하는 것만으로도 소중하게 느껴집니다.

아름답게 반짝이는 아이들의 지금 이 순간을

나는 오롯이 받아들이고 있는지..

지신은 없지만, 언제나 스스로에게 묻고 합니다.

하지만 지금 이 옷 한 벌의 기억이 아이들에게도

훗날 아름다운 추억이 될 수 있기를 기도합니다.

저와 같은 생각을 하는 당신과 함께 옷을 만들어 간다면

그만큼 멋진 일은 없을 것입니다.

2018년 4월 나카야마 유이

원 포인트 레슨

one point lesson.

P.24에서 소개한 프릴 칼라 블라우스[lamp]에는 핀턱, 프릴 칼라 만드는 방법과
뒤트임 처리, 고리 다는 방법 등 유용한 소잉 tip이 가득합니다.

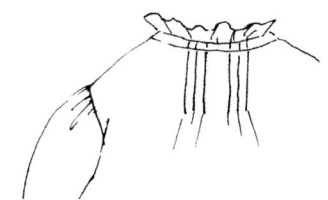

lesson.1

핀턱 만드는 방법

턱이란 원단을 접어 봉합하는 장식 중 하나입니다.
특히 폭이 좁은 것을 핀턱이라고 하고, 주로 옷의 앞
가슴 등에 핀턱을 잡습니다.

START

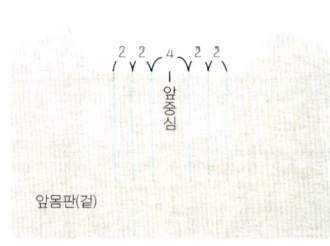

1 앞몸판에 턱 장식을 표시합니다. 여기에서는 접음선의 위치에 선을 그려 놓았지만 익숙해지면 위아래에만 표시해도 좋습니다.

2 1번에서 표시한 선을 손으로 잡아 바깥쪽으로 접습니다.

3 주름을 다리미로 꾹 눌러 다립니다.

4 모든 표시(접음선)에 주름을 줍니다.

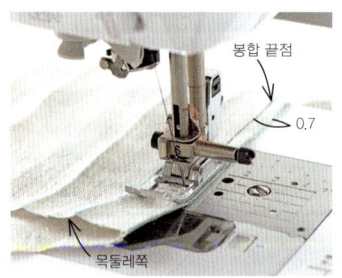

5 접음선에서 0.7cm 간격으로 상침을 합니다. 이 때, 턱의 봉합 끝점에서 봉합을 시작하고 목둘레쪽을 향해 봉합합니다.

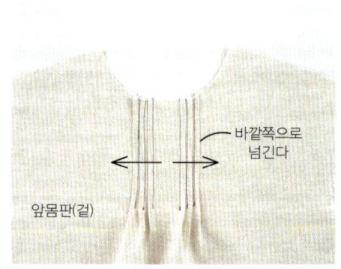

6 모든 턱 봉합이 끝난 모습. 접음선은 좌우로 각각 바깥쪽으로 넘겨 다립니다.

※ 본 사진 설명서에서는 이해하기 쉽게 설명하기 위해 눈에 띄는 색의 실을 사용했습니다.
실제로 봉합할 때는 원단의 색에 맞춰 실을 골라주세요. 지정이 없는 숫자의 단위는 cm입니다.

lesson.2

프릴 칼라 만드는 방법

주름을 풍성하게 잡은 프릴 칼라는 여자아이의 로망입니다. P.8의 블라우스와 P.24의 원피스의 프릴 칼라 만드는 방법은 같기 때문에 아래 방법을 참고해주세요.

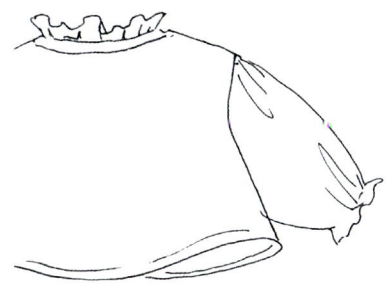

START

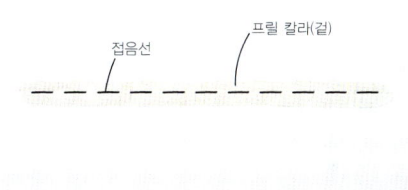

1   프릴 칼라를 재단합니다.

2   접음선에 맞춰 안끼리 맞닿게 반으로 접어 다립니다.

3   프릴 칼라둘레를 0.2cm 간격으로 상침을 하고 한 번 더 시접쪽에 큰 땀으로 두 줄 봉합합니다.

4   큰 땀으로 봉합한 실(밑실 2줄)을 천천히 잡아당겨 주름을 잡습니다.

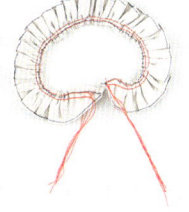

5   목둘레 길이에 맞춰 주름을 균등하게 잡아 다립니다.

lesson.3

뒤트임과 고리 만드는 방법

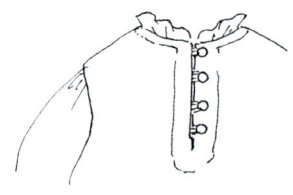

뒤트임과 고리 만드는 방법에 대해 설명합니다.
또한, P.43에서 만든 프릴 칼라를 몸판에 다는
방법도 여기에서 함께 설명합니다.

START

1 고리감(1.5×6cm)을 4장 재단합니다. 여기에서는
   고리감을 1개씩 만드는 방법으로 설명하고 있지
   만, P.56을 참고하여 고리감을 길게 자른 뒤 4등
   분하여 만들어도 좋습니다.

2 겉끼리 맞닿게 반으로 접습니다.

3 0.3cm 간격으로 봉합합니다.

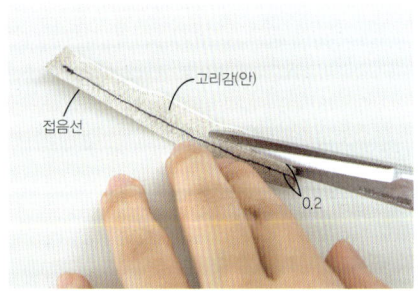

4 시접을 0.2cm만 남겨두고 자릅니다.

5 루프 뒤집개를 사용하여 겉으로 뒤집습니다.

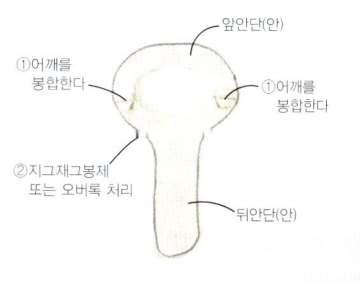

6   뒤집은 고리를 모양을 잡아 다립니다. 총 4개를 만듭니다.

7   앞·뒤안단을 겉끼리 맞대어 어깨를 봉합하고, 시접을 가름솔합니다. 안단 바깥둘레를 지그재그 봉제 또는 오버록 처리합니다.

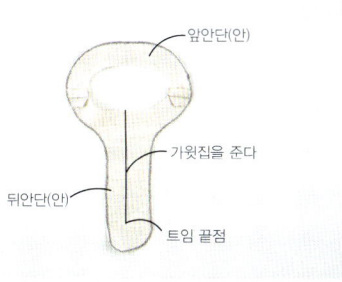

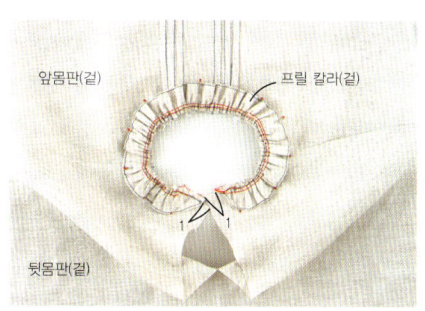

8   뒤안단의 트임 끝점까지 가윗집을 줍니다.

9   P.56-2를 참고하여 몸판의 어깨를 봉합하고, 몸 판 위에 프릴 칼라를 올려놓은 뒤 시침핀으로 고 정합니다.

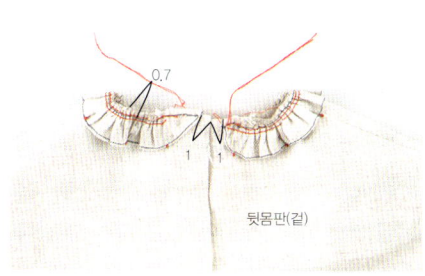

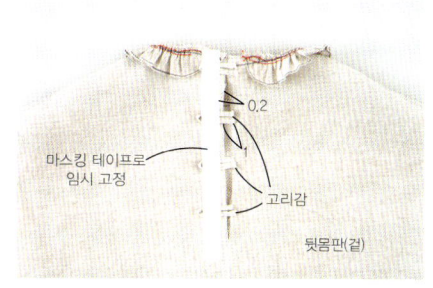

10   프릴 칼라를 0.7cm 간격으로 임시고정 봉합합니다.

11   고리를 반으로 접어 뒷몸판 왼쪽 트임 쪽에 올려 놓습니다. 이때, 고리는 트임에서부터 1cm 바깥 쪽으로 여유분을 빼놓습니다. 그리고 왼쪽 트임 끝에서 0.2cm 안쪽으로 마스킹 테이프를 붙여 임 시 고정합니다.

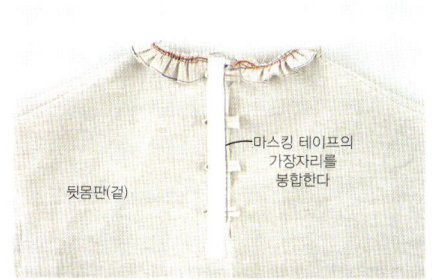

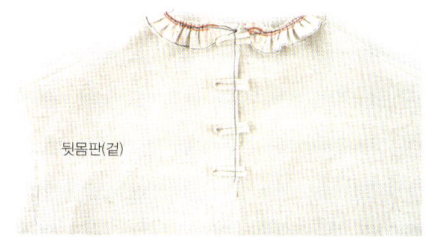

12   고리가 꼬여있는지 다시 한번 확인을 하고, 마스 킹 테이프의 가장자리를 봉합하여 고리를 임시 고정합니다.

13   완성

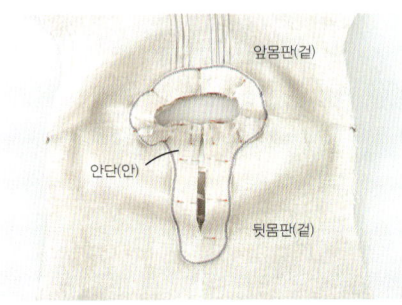

14 몸판과 안단을 겉끼리 맞대고, 시침핀으로 고정합니다.

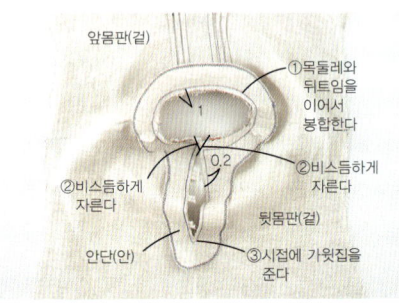

15 목둘레와 뒤트임을 이어서 봉합합니다. 뒤트임의 모서리 부분은 바늘을 꽂은 채로 방향 전환을 하여 봉합하면 깔끔하게 완성됩니다. 모서리 부분은 시접을 잘라 정리하고 트임 쪽 시접은 가윗집을 줍니다.

16 목둘레와 뒤트임의 곡선부분의 시접에 가윗집을 줍니다.

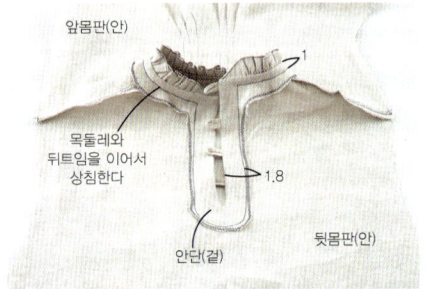

17 안단을 겉으로 뒤집어 정리한 뒤, 목둘레는 1cm 간격으로, 뒤트임은 0.2cm 간격으로 한 번에 상침합니다.

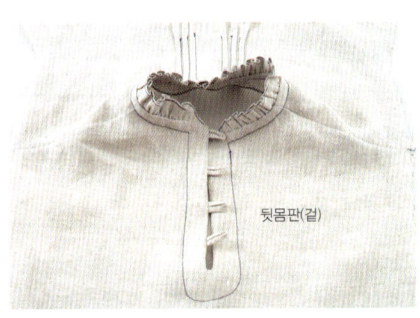

18 완성

변형에 따라
8가지의 디자인을 즐길 수 있습니다

P.8의 프릴 칼라 블라우스[yulan]과 P.24의 프릴 칼라 원피스[lamp]는 helium의 옷 중에서도 특히 인기 있는 아이템입니다. 기본형이 같기 때문에 프릴 칼라 다는 방법만 마스터하면 다양한 변형을 즐길 수 있습니다.

예를 들어 [yulan]의 길이를 길게 해서 원피스로 만들거나, 앞몸판에 핀턱 장식을 주거나, 뒷트임을 단춧고리로 변경하는 등 다양하게 변형해 즐길 수 있습니다.

또, [lamp]의 디자인은 그대로 살리고 길이를 짧게 해서 블라우스로 만드는 것도 추천합니다. 원피스나 블라우스, 핀턱이 있고 없고, 뒷트임을 단춧고리로 변경하던지 리본으로 하던지 등 다양한 방법으로 8가지의 변형이 가능합니다. 또, 제작에 사용할 원단의 촉감에 따라 작품의 인상도 바뀌기 때문에 취향에 맞춰 다양한 변형을 즐겨보세요.

item list

이 책에서 소개한 작품들 리스트입니다. 마음에 드는 아이템을 찾아 만들어보세요.
소재와 원단의 색을 바꾸면 변형의 폭이 더욱 넓어집니다.

01. lale
오픈 칼라 반소매 원피스…p.6

02. yulan
프릴 칼라 블라우스…p.8

03. repens
주름 팬츠…p.10

04. lily
세일러 칼라 셔츠…p.16

05. moon
블루머…p.18

06. inner top & bottom
이너 상의&하의…p.19

09. apron
에이프런…p.26

10. circuitus
긴소매 셔츠…p.28

07. sundress
선 드레스…p.20

08. lamp
프릴 칼라 원피스…p.24

11. polar
멜빵바지…p.30

12. Noëlle
오픈 칼라 긴소매 원피스…p.34

13. fur tippet
퍼 티핏…p.35

14. fur hat
퍼 햇…p.35

15. syne
아우터…p.36

How to make

● 만드는 방법 설명 중. 사이즈가 기재되어 있지 않은 곳은 1cm로 봉합합니다.

● 실물크기 패턴에는 시접이 포함되어 있지 않습니다. p.50을 참고하여 패턴을 베껴서 사용해주세요. 직선으로 된 패턴은 각 재단배치도에 기재된 치수를 참고하여 직접 제도하여 사용합니다.

● 재료는 어디까지나 표준량입니다. 사용할 원단의 폭에 따라 요척이 바뀌기 때문에 참고해주세요.

● 재료에 표기되어 있는 허리 고무줄의 사이즈는 평균 사이즈이기 때문에. 아이의 사이즈에 맞춰 조절해주세요.

● 완성 사이즈의 옷길이는 뒷몸판의 옆목점에서부터 밑단까지이고, 팬츠길이는 허리벨트를 포함한 옆길이를 기재하고 있습니다.

채촌 치수				단위 : ㎝
신장	90	100	110	120
가슴둘레	52	55	57	61
허리둘레	49	51	54	56
엉덩이둘레	52	57	60	65
머리둘레	50	50	52	53

[사이즈 고르는 법]

*부록인 실물크기 패턴은 의상은 90·100·110·120의 4사이즈, 모자는 S·M·L의 3사이즈입니다.
*이 책의 사이즈의 채촌 치수는 왼쪽의 표를 기준으로 참고하여 아이의 사이즈에 가까운 사이즈를 골라주세요. 같은 사이즈라도 디자인에 따라 여유가 들어가는 방법이 다릅니다. 또, 입는 사람의 키나 스타일에 따라서도 인상이 바뀌기 때문에 취향에 맞춰 선택해주세요.
*각 작품의 완성 사이즈는 만드는 방법 페이지에 표기되어 있으니 참고해주세요.
*각 작품의 완성 사이즈는 왼쪽에서부터 90·100·110·120 사이즈 또는 S·M·L의 순으로 표기되어 있습니다.

제작의 기초 이해하기

STEP1 실물크기 패턴을 베낀다

본 서적의 부록 [실물크기 패턴]에는 시접이 포함되어 있지 않습니다.
굵은 실선을 패턴지 등의 비치는 종이에 베끼고, 만드는 방법 페이지
의 재단배치도를 참고하여 패턴에 시접을 추가로 그려줍니다. 이때,
올 방향과 턱, 맞춤점, 소매 다는 곳, 오른쪽 그림같은 기호도 빠짐없
이 베끼고, 패턴 명도 옮겨 적어주세요. 봉합할 때는 원단 끝을 미싱의
눈금에 맞춰 일정 간격으로 봉합합니다. 시접폭에 맞춰 미싱의 침판에
테이프를 붙여 두면 완성선을 따로 그리지 않아도 깔끔하게 봉합할 수
있습니다.

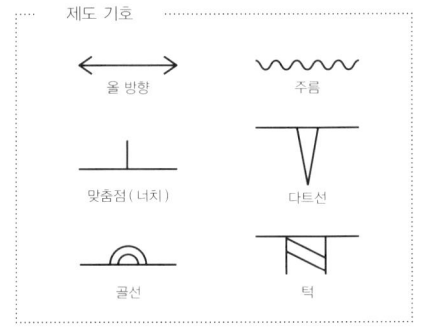

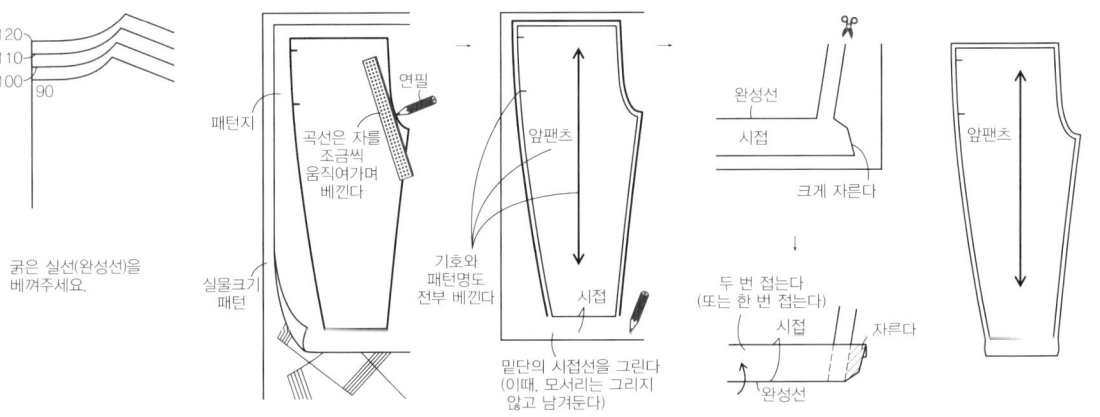

STEP2 선세탁 하기

면이나 리넨 등, 물에 젖으면 줄어드는 원단은 미리 물
세탁을 해서 옷을 만든 후에 줄어드는 현상을 예방해야
합니다. 충분한 양의 물에 원단을 하루 정도 담가두고,
원단을 가볍게 짠 다음 주름을 펴서 그늘에 말려줍니다.
원단이 완전히 마르면 안쪽부터 바깥쪽까지 직조된 올
방향을 따라 다림질하여 정리합니다.

올 방향에 대해서 (=식서)

원단의 양 끝을 "셀비지" 라고 합니다. 셀비지에 대하여 평행
한 것이 [식서], 수직인 것이 [무서]입니다. 패턴과 재단 배치
도 안의 화살표는 [식서]에 맞춥니다.

STEP3 원단을 재단한다

시접이 포함된 패턴을 원단의 겉쪽에 놓고, 패턴의 올 방
향선과 원단의 식서를 맞춘 다음, 시침핀, 문진 등으로 고
정하고 패턴을 따라 재단합니다. 패턴에 '골선' 기호가 달
려있는 선은 아래 그림처럼 원단의 접음선에 맞춥니다.

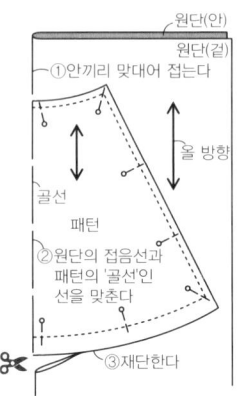

STEP4 　맞춤점(너치)을 표시한다

원단을 재단하고. 패턴을 떼어내기 전에 맞춤점이나 앞·뒤 중심, 밑단의 모서리 등의 시접 부분에 너치(0.3cm 정도의 기잇집)을 합니다.

※주머니 다는 곳 등의 안쪽의 표시는 송곳이나 펜초크 등을 이용하여 표시를 줍니다.

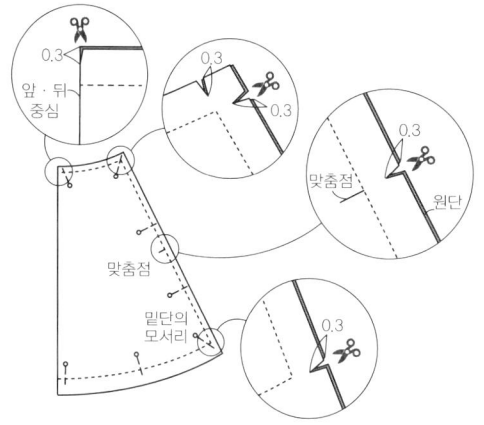

STEP5 　미싱을 준비하고 봉제한다

아래의 표를 참고하여 원단에 알맞은 미싱실과 미싱바늘을 사용합니다. 미싱바늘은 호수가 커질수록 굵어집니다. 또 미싱실은 겉실, 밑실 모두 같은 것을 사용하는 것이 기본입니다.

바늘과 실 고르는 방법

원단의 종류	미싱실	미싱바늘
얇은 원단(쉬폰, 론 등)	파인 프라임실	9호
보통두께 원단(30〜40수 코튼 리넨)	프라임실	11호
두꺼운 원단(옥스포드, 데님, 울)	스티치 프라임실	14, 16호

주름 잡는 방법

주름을 잡는 부분의 시접에 바늘땀을 크게 두 줄로 봉합(0.3〜0.5cm)합니다. 봉합의 시작과 끝의 실은 길게 남겨둡니다.

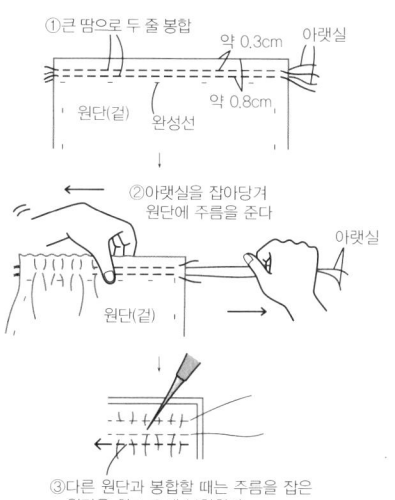

턱 잡는 법

사선의 높은 쪽에서 낮은 쪽을 향해 접습니다. 아래 그림의 경우에는 A의 선 위에 A'의 선을 겹칩니다.

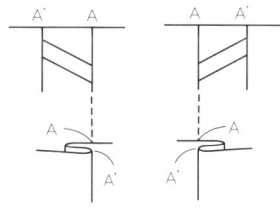

단춧구멍의 치수에 대해서

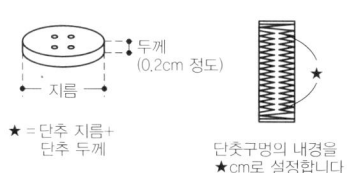

★ = 단추 지름+
단추 두께

단춧구멍의 내경을
★cm로 설정합니다

다트 봉합 방법

몸의 라인을 입체적으로 완성하기 위해 원단을 쐐기형으로 집은 부분을 V자로 나타나게 하고. 2개의 선을 겹쳐 봉합합니다.

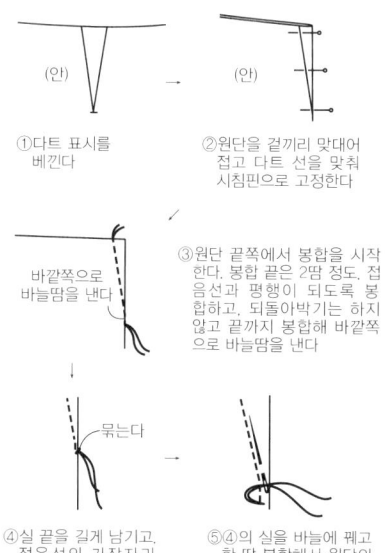

01 Iale

오픈 칼라 반소매 원피스

12 Noëlle

오픈 칼라 긴소매 원피스

PHOTO > 01 P.6 / 12 P.34
실물크기 패턴 > A 면

소매 밑단 바이어스천, 스커트는 재단배치도에
기재된 치수로 직접 제도하여 사용합니다.

[재료]
〈반소매〉
· 리투아니아 리넨···110cm폭×140〜220cm
· 자수실

〈긴소매〉
· 40수 리넨 글렌 체크···120cm폭×140〜220cm
· 코튼 스트레치 코듀로이···108cm폭×10cm
· 자수실

[완성 사이즈]
〈반소매〉
· 가슴둘레···67/71/75/79cm
· 옷길이···57/63/70/77cm
· 소매길이···11.5/12.5/13.5/14.5cm

〈긴소매〉
· 가슴둘레···67/71/75/79cm
· 옷길이···52/58/65/72cm
· 소매길이···26/29/32/35cm

재단배치도
※ 지정 이외의 시접은 1cm
※〰〰 = 지그재그봉제 또는 오버록 처리한다

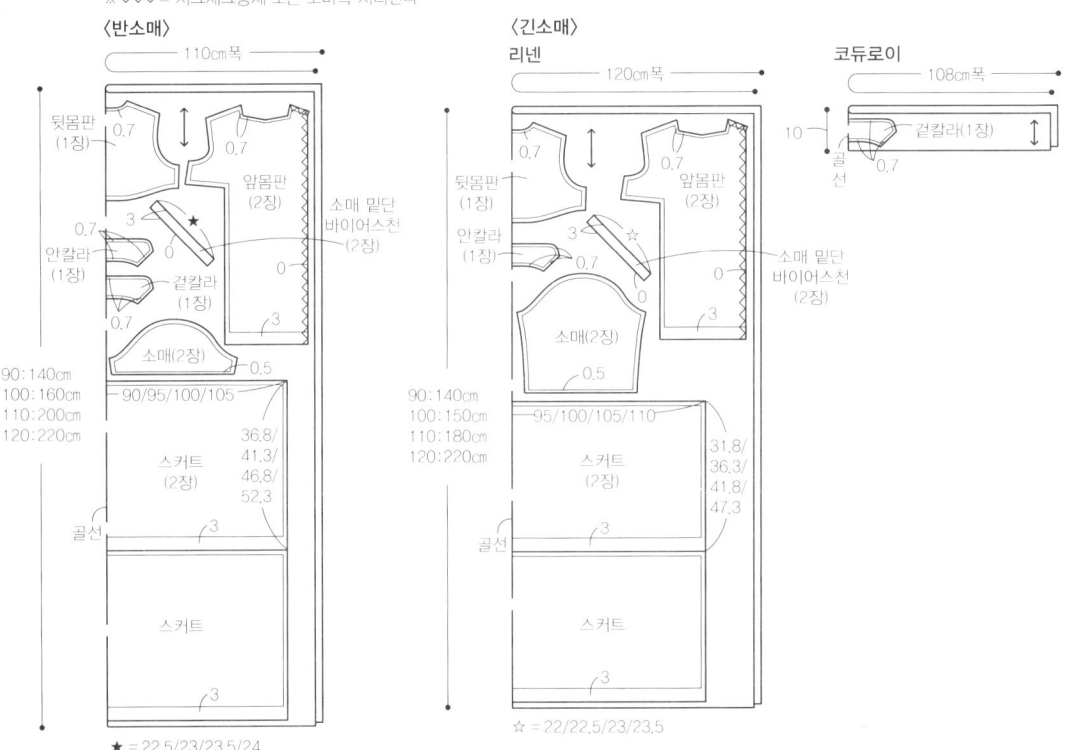

★ = 22.5/23/23.5/24
☆ = 22/22.5/23/23.5

만드는 순서

〈반소매〉
1 칼라를 만든다
2 몸판의 어깨와 옆선을 봉합한다
3 몸판에 칼라를 단다
4 몸판의 앞트임을 정리한다
5 소매를 만든다

〈긴소매〉
6 몸판에 소매를 단다
7 스커트를 만든다
8 몸판에 스커트를 단다
9 몸판의 밑단을 정리한다

만드는 방법

1 칼라를 만든다

① 겉·안칼라를 겉끼리 맞대어 봉합한다

② 가윗집

0.7

안칼라
(겉)

겉칼라(안) 0.7

③ 겉칼라의 시접을 접는다

④ 겉으로 뒤집는다

안칼라(겉)

겉칼라
(안)

2 몸판의 어깨와 옆선을 봉합한다

① 앞·뒤몸판을 겉끼리 맞대어 어깨를 봉합하고,
시접을 2장 함께 지그재그봉합 또는 오버록
통솔처리한 뒤, 뒷몸판쪽으로 넘긴다

뒷몸판(겉)

가윗집   가윗집

② 앞·뒤몸판을 겉끼리 맞대어
옆선을 봉합하고, 시접을 2장
함께 지그재그봉합 또는 오버록
통솔처리한 뒤, 뒷몸판쪽으로
넘긴다

앞몸판
(안)

3 몸판에 칼라를 단다

① 안칼라와 몸판을 겉끼리 맞대고,
뒷몸판의 목둘레에 봉합한다

어깨선   안칼라(안)   어깨선

앞끝   앞끝

0.7   겉칼라(겉)

앞몸판
(겉)

뒷몸판
(겉)

앞몸판
(겉)

※ 완성선에 맞춰 봉합한다

0.7

겉칼라(겉)

뒷몸판
(겉)

앞몸판
(안)

② 앞몸판의 안단 부분을
앞끝에 맞춰 겉끼리
맞대어 접고, 칼라와
함께 봉합한다

※ 곡선으로
봉합한다

앞끝

③ 가윗집을
준다

겉칼라(겉)

뒷몸판
(겉)

앞안단
(안)

④ 안단을 겉으로
뒤집고, 시접을
넣어 상침한다

겉칼라(겉)

1   0.1

앞안단
(겉)

앞안단
(겉)

뒷몸판
(안)

⑤ 안단을 시접에 고정 봉합한다

4 몸판의 앞트임을 정리한다

왼쪽
앞안단
(겉)

오른쪽
앞몸판
(안)

트임
끝점

오른쪽
앞안단
(안)

3

앞끝선

왼쪽 앞몸판
(겉)

① 앞끝을 3cm씩 겹치고,
오른쪽 앞안단과 왼쪽
앞안단을 젖혀 오른쪽
앞몸판과 왼쪽 앞안단에
고정 상침한다

왼쪽 안단   오른쪽 안단
(겉)   (겉)

벌린다   앞끝선

3cm 겹친다   앞끝선

③ 칼라를
정리한다

② 위쪽 트임 끝점에
자수실로 고정
봉합한다

앞몸판
(겉)

④ 모서리에 가윗집을 준다

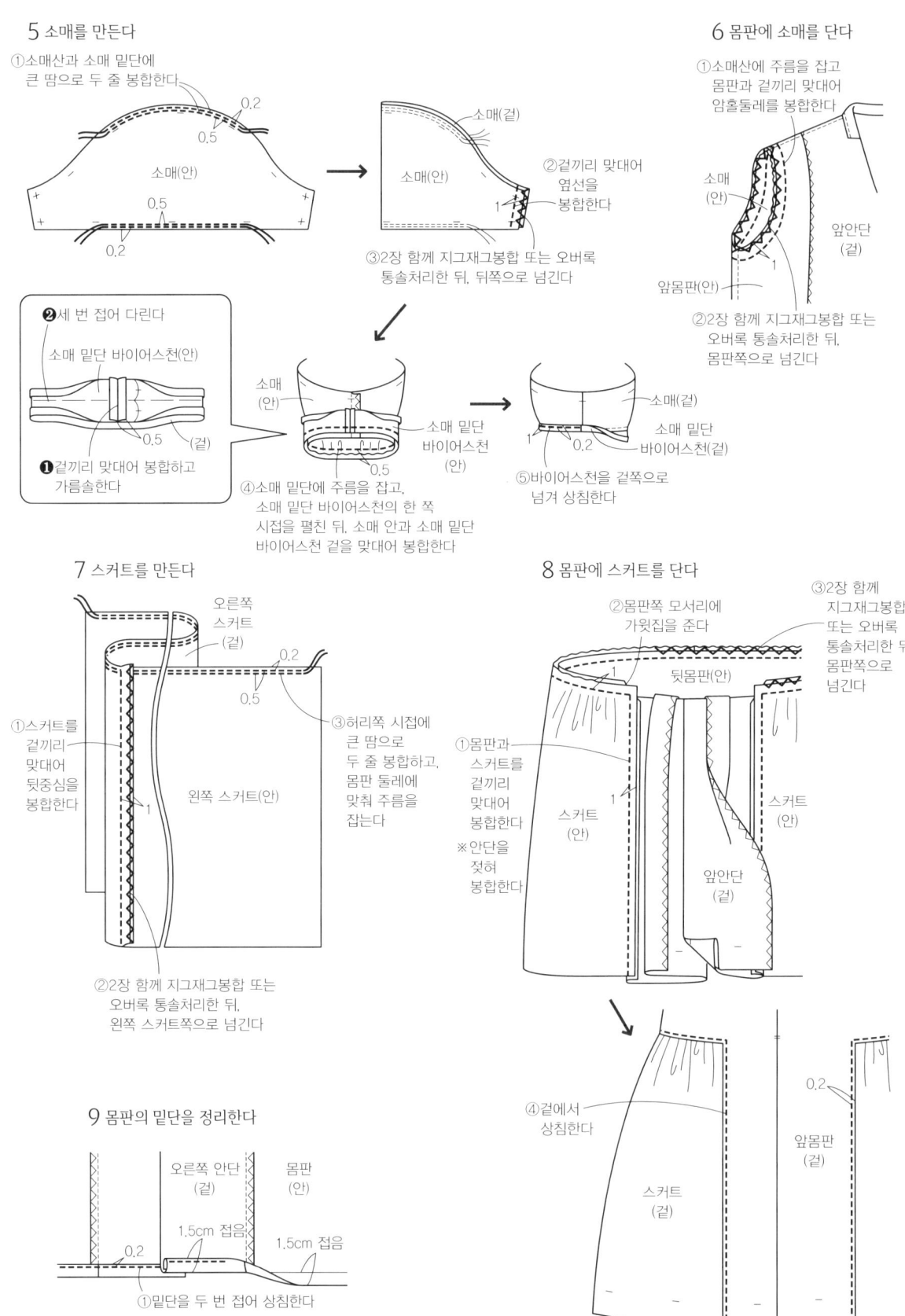

5 소매를 만든다

①소매산과 소매 밑단에 큰 땀으로 두 줄 봉합한다

0.2
0.5
소매(안)
0.5
0.2

소매(겉)
②겉끼리 맞대어 옆선을 봉합한다
1
③2장 함께 지그재그봉합 또는 오버록 통솔처리한 뒤, 뒤쪽으로 넘긴다

6 몸판에 소매를 단다

①소매산에 주름을 잡고 몸판과 겉끼리 맞대어 암홀둘레를 봉합한다

소매(안)
앞안단(겉)
앞몸판(안)
1
②2장 함께 지그재그봉합 또는 오버록 통솔처리한 뒤, 몸판쪽으로 넘긴다

❷세 번 접어 다린다
소매 밑단 바이어스천(안)
0.5 (겉)
❶겉끼리 맞대어 봉합하고 가름솔한다

소매(안)
0.5
소매 밑단 바이어스천(안)
④소매 밑단에 주름을 잡고, 소매 밑단 바이어스천의 한 쪽 시접을 펼친 뒤, 소매 안과 소매 밑단 바이어스천 겉을 맞대어 봉합한다

소매(겉)
1 0.2
소매 밑단 바이어스천(겉)
⑤바이어스천을 겉쪽으로 넘겨 상침한다

7 스커트를 만든다

오른쪽 스커트(겉)
0.2
0.5
①스커트를 겉끼리 맞대어 뒷중심을 봉합한다
왼쪽 스커트(안)
1
③허리쪽 시접에 큰 땀으로 두 줄 봉합하고, 몸판 둘레에 맞춰 주름을 잡는다
②2장 함께 지그재그봉합 또는 오버록 통솔처리한 뒤, 왼쪽 스커트쪽으로 넘긴다

8 몸판에 스커트를 단다

②몸판쪽 모서리에 가윗집을 준다
③2장 함께 지그재그봉합 또는 오버록 통솔처리한 뒤, 몸판쪽으로 넘긴다
뒷몸판(안)
①몸판과 스커트를 겉끼리 맞대어 봉합한다
※안단을 젖혀 봉합한다
스커트(안)
1
스커트(안)
앞안단(겉)

④겉에서 상침한다
0.2
스커트(겉)
앞몸판(겉)

9 몸판의 밑단을 정리한다

오른쪽 안단(겉)
몸판(안)
0.2
1.5cm 접음
1.5cm 접음
①밑단을 두 번 접어 상침한다

02 yulan
프릴 칼라 블라우스

08 lamp
프릴 칼라 원피스

PHOTO > 02 P.8 / 08 P.24
실물크기 패턴 > B 면

끈감, 단춧고리, 싸개 단추는 재단배치도에
기재된 치수로 직접 제도하여 사용합니다.

[재료]
〈블라우스〉
· 플랫 리넨…110cm폭×90~110cm
· 0.6cm폭 고무줄…45cm

〈원피스〉
· 라미 리넨…108cm폭×120~160cm
· 1.2cm폭 싸개 단추…4개
· 0.6cm폭 고무줄…45cm

[완성 사이즈]
〈블라우스〉
· 가슴둘레…64/68/72/76cm
· 옷길이…31/34/37/40cm
· 소매길이…25/28/31/34cm

〈원피스〉
· 가슴둘레…62/66/70/74cm
· 옷길이…50/56/63/70cm
· 소매길이…25/28/31/34cm

재단배치도
※지정 이외의 시접은 1cm

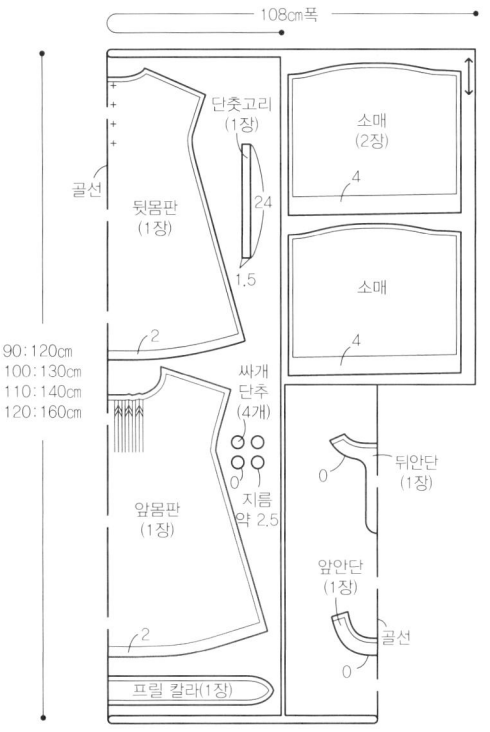

만드는 순서

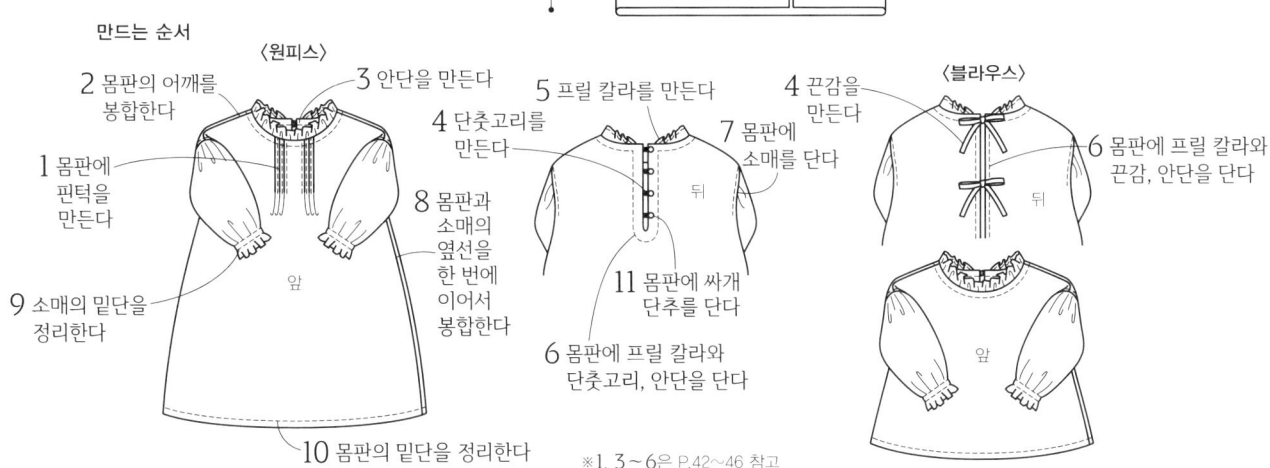

※1, 3~6은 P.42~46 참고

프릴 칼라 원피스 만드는 방법

1 몸판에 핀턱을 만든다(P.42 참고)

①핀턱을 봉합하고, 바깥쪽으로 넘긴다

앞몸판(겉)

(겉)
0.7

2 몸판의 어깨를 봉합한다

①앞·뒤몸판을 겉끼리 맞대어 어깨를 봉합한다

뒷몸판(겉)

②2장 함께 지그재그봉합 또는 오버록 통솔처리한 뒤, 뒷몸판쪽으로 넘긴다

앞몸판(안)

3 안단을 만든다(P.44 참고)

트임 끝점

뒤안단(안)

③뒷중심에 가윗집을 준다

①앞·뒤안단을 겉끼리 맞대어 어깨를 봉합하고 가름솔한다

앞안단(안)

②둘레를 지그재그봉제 또는 오버록 처리한다

4 단춧고리를 만든다(P.44 참고)

0.3

골선

단춧고리(안)

①겉끼리 맞대어 반으로 접은 뒤 봉합한다

0.2

②시접을 자른다

단춧고리(겉)

6

③겉으로 뒤집고 4등분으로 자른다

5 프릴 칼라를 만든다(P.43 참고)

프릴 칼라(안)

프릴 칼라(겉)

골선

0.2

①안끼리 맞대어 반으로 접은 뒤 상침한다

②시접에 큰 땀으로 두 줄 봉합한다

0.2

0.5

프릴 칼라(겉)

프릴 칼라(겉)

③주름을 잡는다

※목둘레 길이에 맞춰 주름을 균등하게 잡는다

6 몸판에 프릴 칼라와 단춧고리, 안단을 단다(P.45~46 참고)

①뒷중심에 가윗집을 준다

단춧고리(겉)

②몸판에 프릴 칼라와 단춧고리를 겹치고 임시고정 봉합한다

뒷몸판(겉)

0.2

0.7

앞몸판(겉)

프릴 칼라(겉)

트임 끝점

뒷몸판(겉)

0.2

③몸판과 안단을 겉끼리 맞대어 봉합한다

④모서리를 비스듬하게 자른다

⑤가윗집

안단(안)

앞몸판(겉)

뒷몸판(안)

안단(겉)

1.8

※이어서 상침

⑥안단을 겉으로 뒤집고 상침한다

1

앞몸판(안)

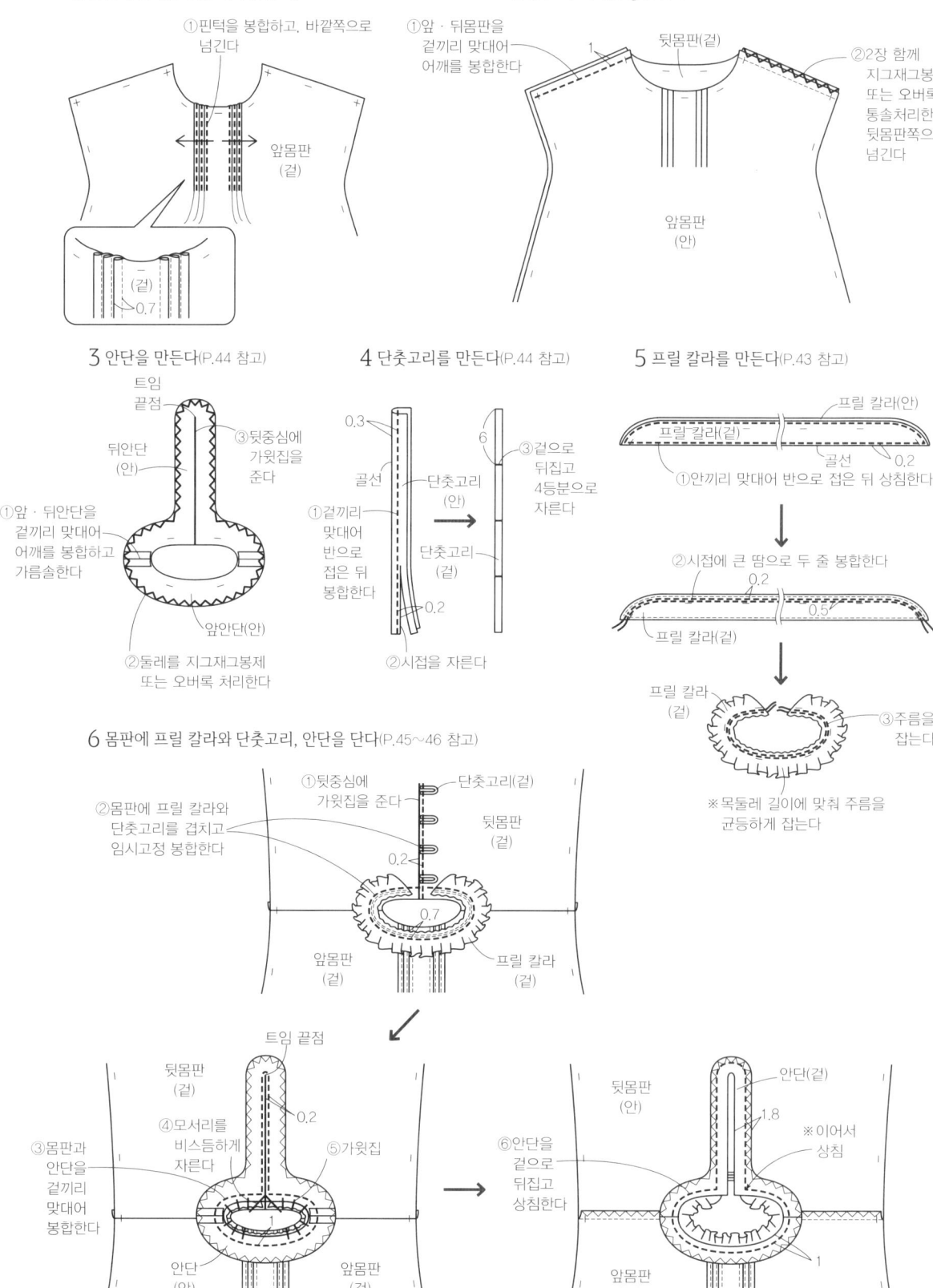

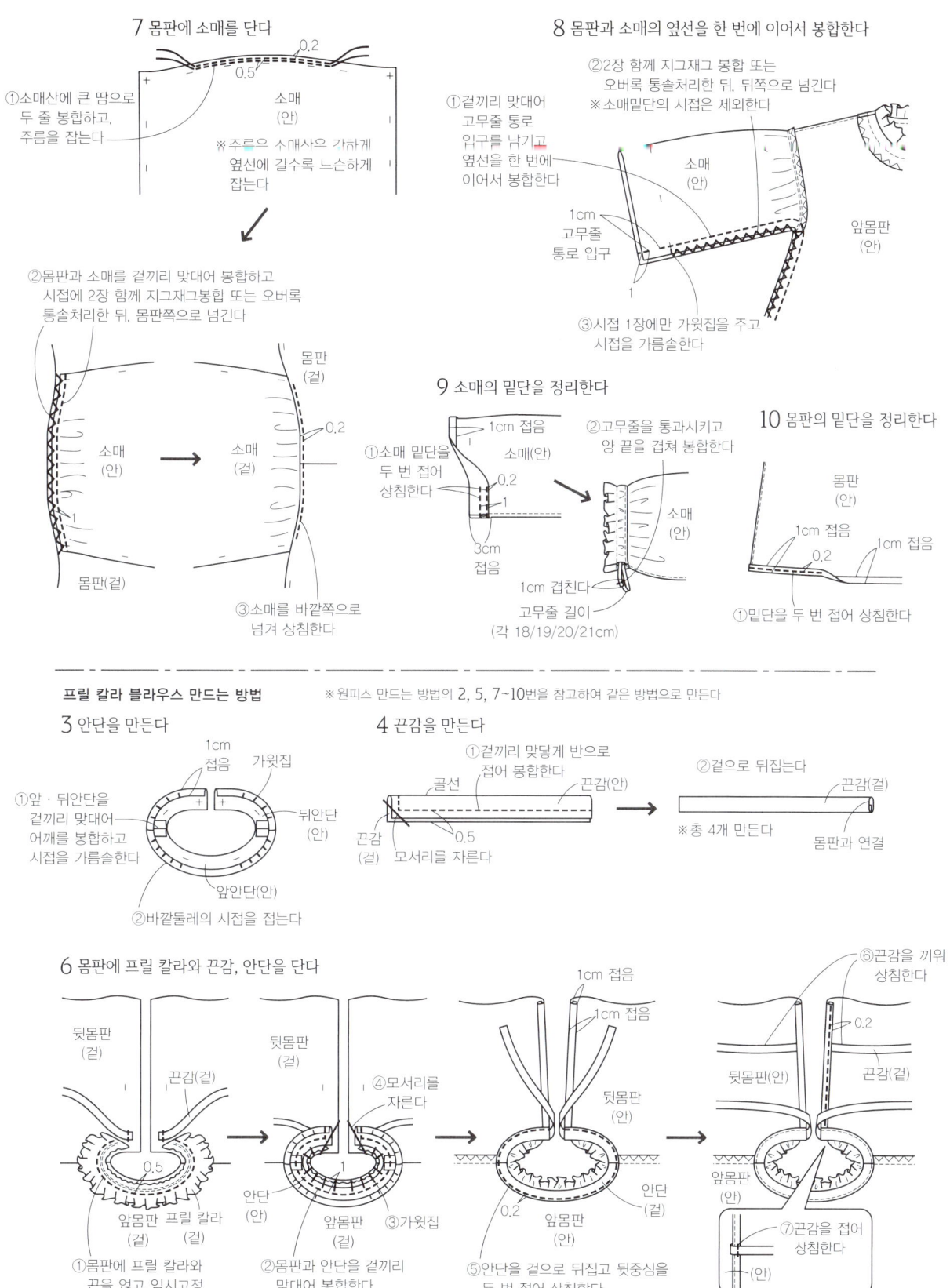

7 몸판에 소매를 단다

0.2
0.5

①소매산에 큰 땀으로
두 줄 봉합하고,
주름을 잡는다

소매
(안)

※주름은 소매산은 강하게
옆선에 갈수록 느슨하게
잡는다

②몸판과 소매를 겉끼리 맞대어 봉합하고
시접에 2장 함께 지그재그봉합 또는 오버록
통솔처리한 뒤, 몸판쪽으로 넘긴다

몸판
(겉)

소매
(안) → 소매
(겉)

0.2

몸판(겉)

1

③소매를 바깥쪽으로
넘겨 상침한다

8 몸판과 소매의 옆선을 한 번에 이어서 봉합한다

②2장 함께 지그재그 봉합 또는
오버록 통솔처리한 뒤, 뒤쪽으로 넘긴다
※소매밑단의 시접은 제외한다

①겉끼리 맞대어
고무줄 통로
입구를 남기고
옆선을 한 번에
이어서 봉합한다

소매
(안)

앞몸판
(안)

1cm
고무줄
통로 입구

1

③시접 1장에만 가윗집을 주고
시접을 가름솔한다

9 소매의 밑단을 정리한다

1cm 접음

소매(안)

①소매 밑단을
두 번 접어
상침한다

0.2
1
3cm
접음

②고무줄을 통과시키고
양 끝을 겹쳐 봉합한다

소매
(안)

1cm 겹친다

고무줄 길이
(각 18/19/20/21cm)

10 몸판의 밑단을 정리한다

몸판
(안)

1cm 접음

0.2

1cm 접음

①밑단을 두 번 접어 상침한다

프릴 칼라 블라우스 만드는 방법　※원피스 만드는 방법의 2, 5, 7~10번을 참고하여 같은 방법으로 만든다

3 안단을 만든다

1cm
접음   가윗집

①앞·뒤안단을
겉끼리 맞대어
어깨를 봉합하고
시접을 가름솔한다

뒤안단
(안)

앞안단(안)

②바깥둘레의 시접을 접는다

4 끈감을 만든다

①겉끼리 맞닿게 반으로
접어 봉합한다

골선

끈감(안)

끈감
(겉)

0.5

모서리를 자른다

②겉으로 뒤집는다

끈감(겉)

※총 4개 만든다

몸판과 연결

6 몸판에 프릴 칼라와 끈감, 안단을 단다

뒷몸판
(겉)

끈감(겉)

0.5

앞몸판 프릴 칼라
(겉)   (겉)

①몸판에 프릴 칼라와
끈을 얹고 임시고정
봉합한다

뒷몸판
(겉)

④모서리를
자른다

1

안단
(안)

앞몸판
(겉)   ③가윗집

②몸판과 안단을 겉끼리
맞대어 봉합한다

1cm 접음

1cm 접음

뒷몸판
(안)

0.2

안단
(겉)

앞몸판
(안)

⑤안단을 겉으로 뒤집고 뒷중심을
두 번 접어 상침한다

⑥끈감을 끼워
상침한다

0.2

뒷몸판(안)   끈감(겉)

뒷몸판(안)

앞몸판
(안)

⑦끈감을 접어
상침한다

(안)

03 repens

주름 팬츠

PHOTO > P.10
실물크기 패턴 > A 면

앞안단, 뒤덧단, 싸개 단추. 끈감은 재단배치도에
기재된 치수로 직접 제도하여 사용합니다.

[재료]

〈A〉
· 리버티 프린트…110cm폭×95〜120cm
· 라미 리넨…108cm폭×25〜30cm
· 1.2cm폭 바이어스테이프…2m
· 1.2cm폭 싸개 단추…4개

〈B〉
· 오리지널 리넨…110cm폭×120〜140cm
· 1.2cm폭 바이어스테이프…2m
· 0.8cm폭 싸개 단추…4개

[완성 사이즈]
· 허리둘레…52/54/56/58cm
· 옷길이…41/45/49/53cm

재단배치도
※지정 이외의 시접은 1cm
※〰〰 = 지그재그봉제 또는 오버록 처리한다

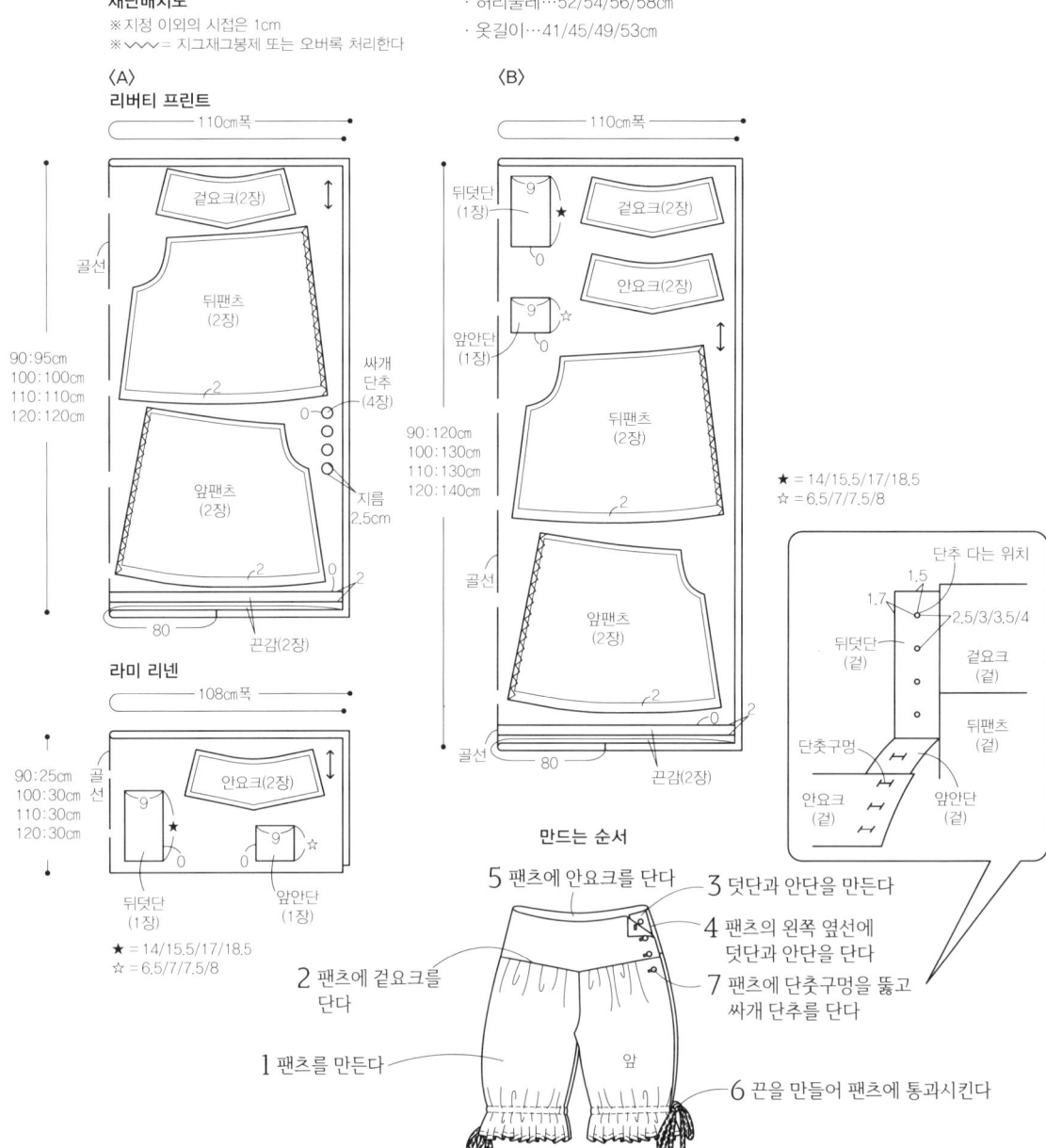

〈A〉
리버티 프린트
├─ 110cm폭 ─┤

골선

겉요크(2장)

뒤팬츠
(2장)
2

앞팬츠
(2장)
2   0

90:95cm
100:100cm
110:110cm
120:120cm

싸개
단추
(4장)
0─○
○
○
○
지름
2.5cm

80
끈감(2장)

라미 리넨
├─ 108cm폭 ─┤

90:25cm
100:30cm
110:30cm
120:30cm

골선

안요크(2장)

뒤덧단
(1장)
★
0

앞안단
(1장)
0 ☆

★ = 14/15.5/17/18.5
☆ = 6.5/7/7.5/8

〈B〉
├─ 110cm폭 ─┤

뒤덧단
(1장)
9 ★

앞안단
(1장)
9 ☆

겉요크(2장)

안요크(2장)

뒤팬츠
(2장)
2

90:120cm
100:130cm
110:130cm
120:140cm

골선

앞팬츠
(2장)
2

골선
80
끈감(2장)

★ = 14/15.5/17/18.5
☆ = 6.5/7/7.5/8

단추 다는 위치
1.5
1.7
2.5/3/3.5/4
뒤덧단
(겉)
겉요크
(겉)
뒤팬츠
(겉)
단춧구멍
안요크
(겉)
앞안단
(겉)

만드는 순서

5 팬츠에 안요크를 단다
3 덧단과 안단을 만든다
4 팬츠의 왼쪽 옆선에
덧단과 안단을 단다
7 팬츠에 단춧구멍을 뚫고
싸개 단추를 단다
2 팬츠에 겉요크를
단다
1 팬츠를 만든다
앞
6 끈을 만들어 팬츠에 통과시킨다

만드는 방법

1 팬츠를 만든다

(※끈감을 달지 않는 경우에는 끈 통로 입구와 바이어스테이프를 제외한다)

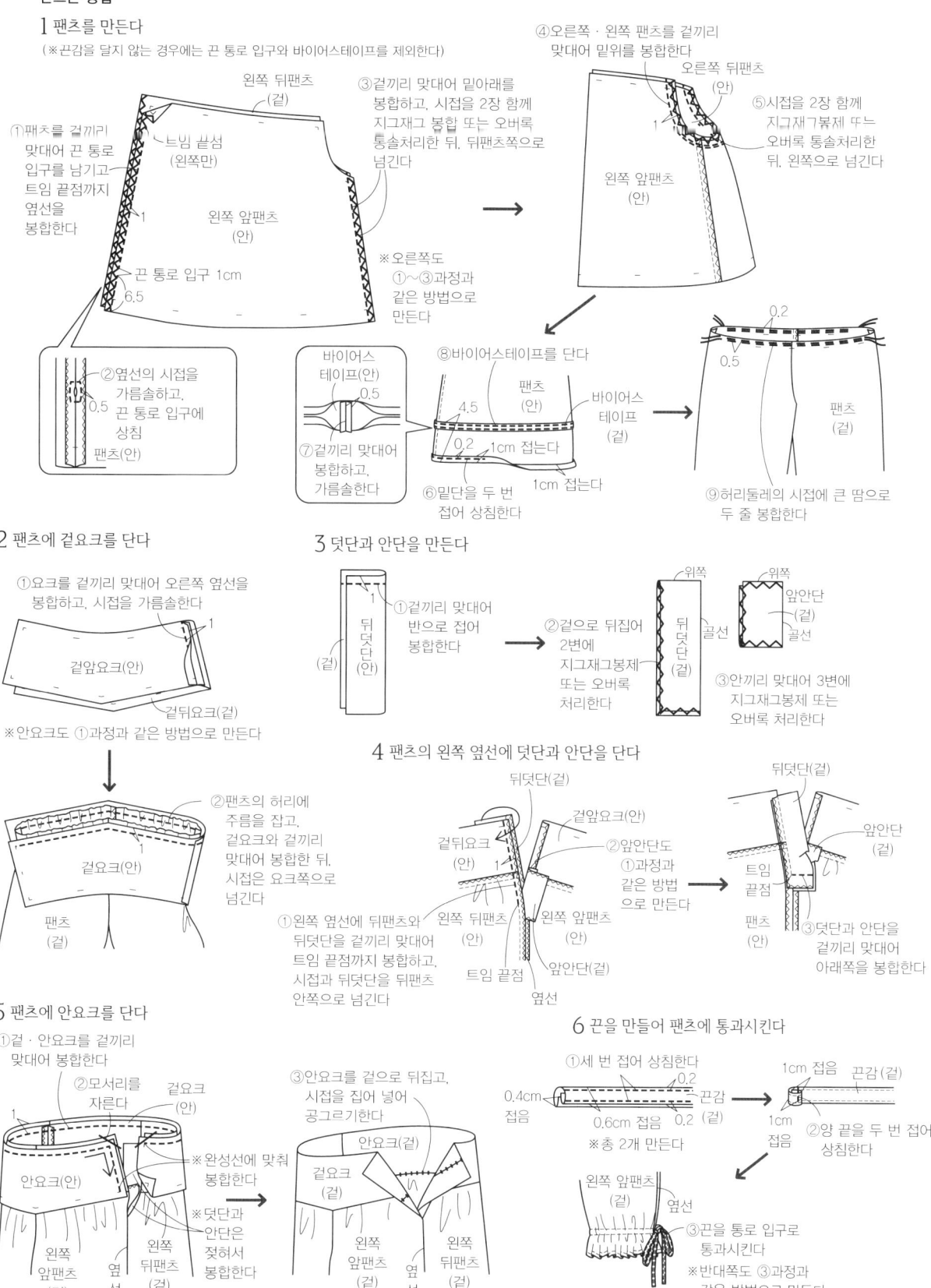

①팬츠를 걸끼리 맞대어 끈 통로 입구를 남기고 트임 끝점까지 옆선을 봉합한다

왼쪽 뒤팬츠 (겉)

트임 끝섬 (왼쪽만)

왼쪽 앞팬츠 (안)

끈 통로 입구 1cm

6.5

②옆선의 시접을 가름솔하고, 끈 통로 입구에 상침한다

0.5

팬츠(안)

③걸끼리 맞대어 밑아래를 봉합하고, 시접을 2장 함께 지그재그 봉합 또는 오버록 통솔처리한 뒤, 뒤팬츠쪽으로 넘긴다

※오른쪽도 ①~③과정과 같은 방법으로 만든다

④오른쪽·왼쪽 팬츠를 걸끼리 맞대어 밑위를 봉합한다

오른쪽 뒤팬츠 (안)

왼쪽 앞팬츠 (안)

⑤시접을 2장 함께 지그재그 봉제 뚜는 오버록 통솔처리한 뒤, 왼쪽으로 넘긴다

바이어스 테이프(안)

0.5

⑦걸끼리 맞대어 봉합하고, 가름솔한다

⑧바이어스테이프를 단다

4.5

팬츠 (안)

0.2 1cm 접는다

⑥밑단을 두 번 접어 상침한다

1cm 접는다

바이어스 테이프 (겉)

0.2

0.5

팬츠 (겉)

⑨허리둘레의 시접에 큰 땀으로 두 줄 봉합한다

2 팬츠에 겉요크를 단다

①요크를 걸끼리 맞대어 오른쪽 옆선을 봉합하고, 시접을 가름솔한다

겉앞요크(안)

1

겉뒤요크(겉)

※안요크도 ①과정과 같은 방법으로 만든다

②팬츠의 허리에 주름을 잡고, 겉요크와 걸끼리 맞대어 봉합한 뒤, 시접은 요크쪽으로 넘긴다

겉요크(안)

팬츠 (겉)

3 덧단과 안단을 만든다

①걸끼리 맞대어 반으로 접어 봉합한다

뒤 덧단 (겉)

뒤 덧단 (안)

②겉으로 뒤집어 2변에 지그재그봉제 또는 오버록 처리한다

뒤 덧단 (겉)

골선

위쪽

앞안단 (겉)

골선

③안끼리 맞대어 3변에 지그재그봉제 또는 오버록 처리한다

4 팬츠의 왼쪽 옆선에 덧단과 안단을 단다

뒤덧단(겉)

겉뒤요크 (안)

1

겉앞요크(안)

②앞안단도 ①과정과 같은 방법으로 만든다

①왼쪽 옆선에 뒤팬츠와 뒤덧단을 걸끼리 맞대어 트임 끝점까지 봉합하고, 시접과 뒤덧단을 뒤팬츠 안쪽으로 넘긴다

왼쪽 뒤팬츠 (안)

왼쪽 앞팬츠 (안)

앞안단(겉)

트임 끝점

옆선

뒤덧단(겉)

앞안단 (겉)

트임 끝점

팬츠 (안)

③덧단과 안단을 걸끼리 맞대어 아래쪽을 봉합한다

5 팬츠에 안요크를 단다

①겉·안요크를 걸끼리 맞대어 봉합한다

②모서리를 자른다

겉요크 (안)

1

안요크(안)

겉요크 (안)

※완성선에 맞춰 봉합한다

왼쪽 앞팬츠 (겉)

옆선

왼쪽 뒤팬츠 (겉)

옆선

※덧단과 안단은 젖혀서 봉합한다

③안요크를 겉으로 뒤집고, 시접을 집어 넣어 공그르기한다

안요크(겉)

겉요크 (겉)

왼쪽 앞팬츠 (겉)

옆선

왼쪽 뒤팬츠 (겉)

옆선

6 끈을 만들어 팬츠에 통과시킨다

①세 번 접어 상침한다

0.2

0.4cm 접음

0.6cm 접음

0.2

끈감 (겉)

1cm 접음

끈감 (겉)

1cm 접음

②양 끝을 두 번 접어 상침한다

왼쪽 앞팬츠 (겉)

옆선

③끈을 통로 입구로 통과시킨다

※반대쪽도 ③과정과 같은 방법으로 만든다

※총 2개 만든다

04 lily

세일러 칼라 셔츠

PHOTO > P.16
실물크기 패턴 > C 면

[재료]
· 플랫 리넨…110cm폭×80∼100cm
· 1.2cm폭 바이어스테이프…100cm
· 0.3cm폭 스웨이드 리본…30cm×2개

[완성 사이즈]
· 가슴둘레…74/78/82/86cm
· 옷길이…32/36/40/44cm

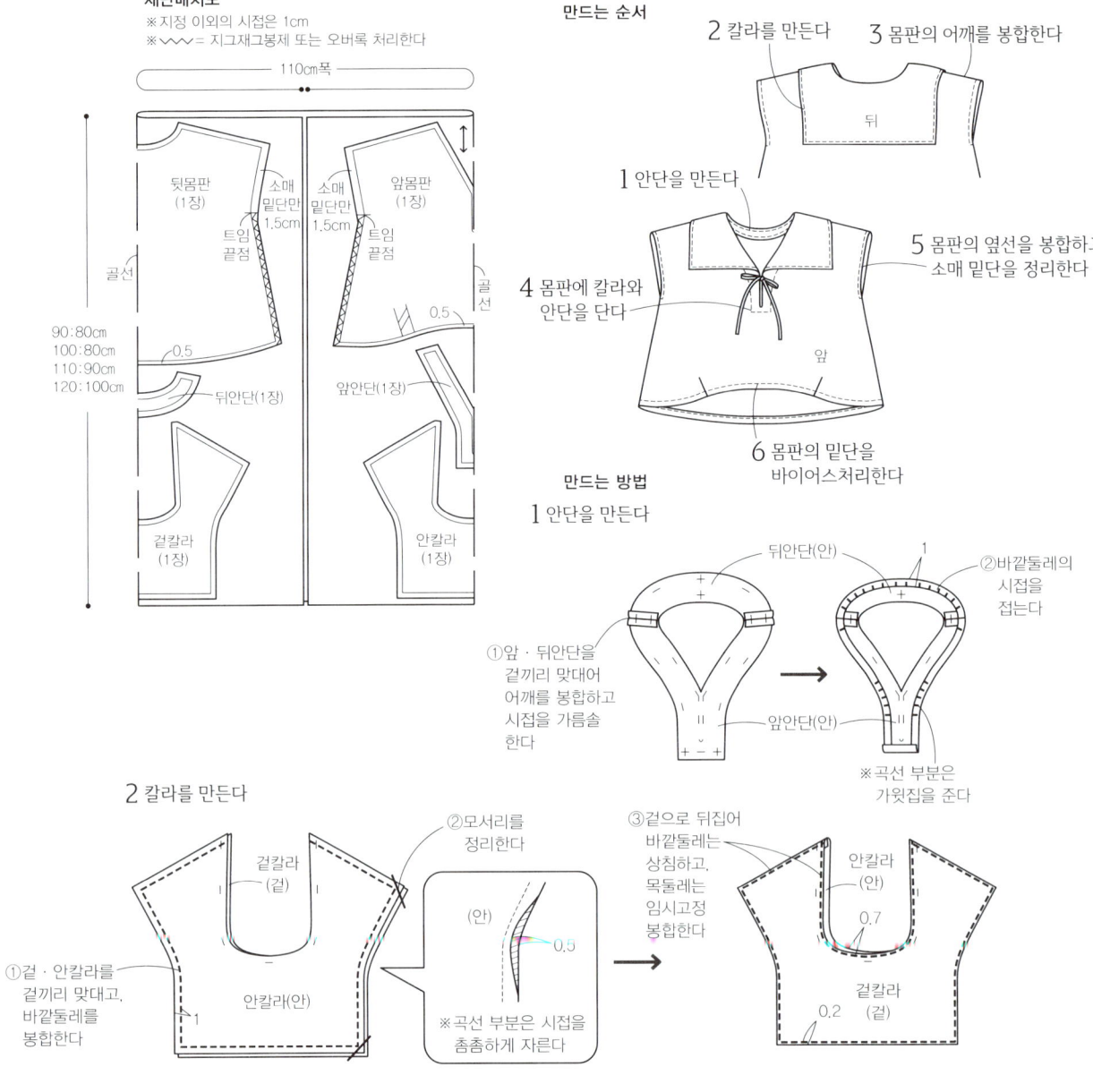

재단배치도
※지정 이외의 시접은 1cm
※ ＞＞ = 지그재그봉제 또는 오버록 처리한다

110cm폭

뒷몸판 (1장)
소매 밑단만 1.5cm
소매 밑단만 1.5cm
앞몸판 (1장)
트임 끝점
트임 끝점
골선
골선
90:80cm
100:80cm
110:90cm
120:100cm
0.5
0.5
뒤안단(1장)
앞안단(1장)
겉칼라 (1장)
안칼라 (1장)

만드는 순서

2 칼라를 만든다   3 몸판의 어깨를 봉합한다

뒤

1 안단을 만든다

5 몸판의 옆선을 봉합하고 소매 밑단을 정리한다

4 몸판에 칼라와 안단을 단다

앞

6 몸판의 밑단을 바이어스처리한다

만드는 방법

1 안단을 만든다

뒤안단(안)
1
②바깥둘레의 시접을 접는다

①앞·뒤안단을 겉끼리 맞대어 어깨를 봉합하고 시접을 가름솔 한다

앞안단(안)

※곡선 부분은 가윗집을 준다

2 칼라를 만든다

겉칼라 (겉)
②모서리를 정리한다

③겉으로 뒤집어 바깥둘레는 상침하고 목둘레는 임시고정 봉합한다

안칼라(안)
0.7

(안)
0.5

①겉·안칼라를 겉끼리 맞대고, 바깥둘레를 봉합한다

1

안칼라(안)

※곡선 부분은 시접을 촘촘하게 자른다

겉칼라 (겉)
0.2

60

3 몸판의 어깨를 봉합한다

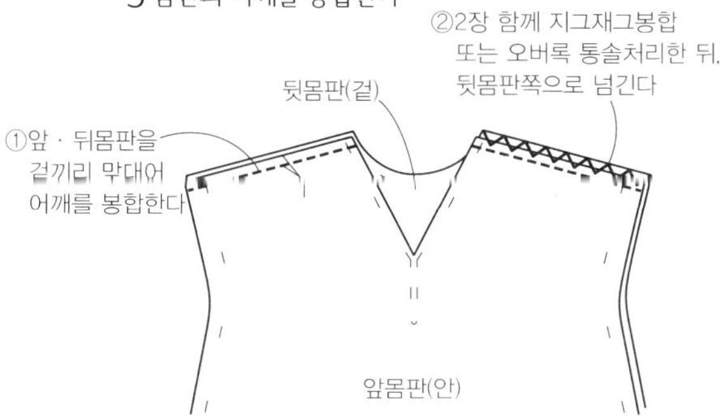

①앞 · 뒤몸판을
걸끼리 맞대어
어깨를 봉합한다

뒷몸판(겉)

②2장 함께 지그재그봉합
또는 오버록 통솔처리한 뒤,
뒷몸판쪽으로 넘긴다

앞몸판(안)

4 몸판에 칼라와 안단을 단다

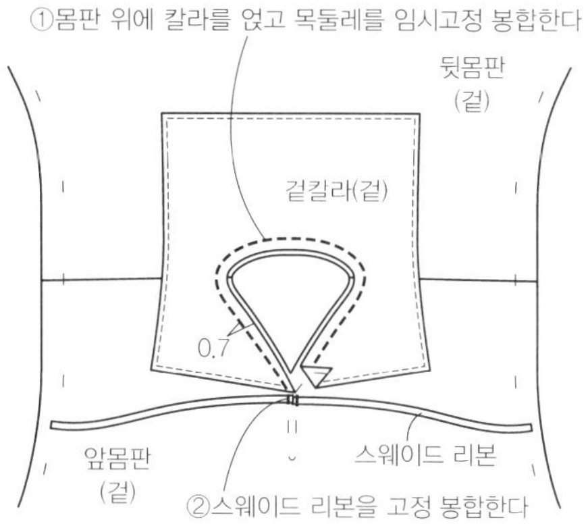

①몸판 위에 칼라를 얹고 목둘레를 임시고정 봉합한다

뒷몸판
(겉)

겉칼라(겉)

0.7

앞몸판
(겉)

스웨이드 리본

②스웨이드 리본을 고정 봉합한다

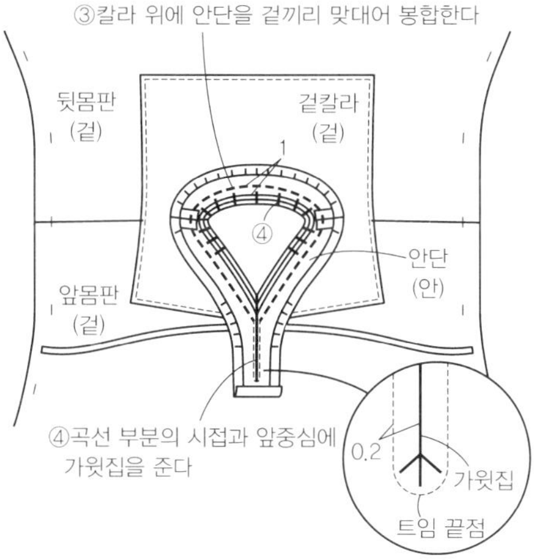

③칼라 위에 안단을 걸끼리 맞대어 봉합한다

뒷몸판
(겉)

겉칼라
(겉)

1

④

안단
(안)

앞몸판
(겉)

④곡선 부분의 시접과 앞중심에
가윗집을 준다

0.2

가윗집

트임 끝점

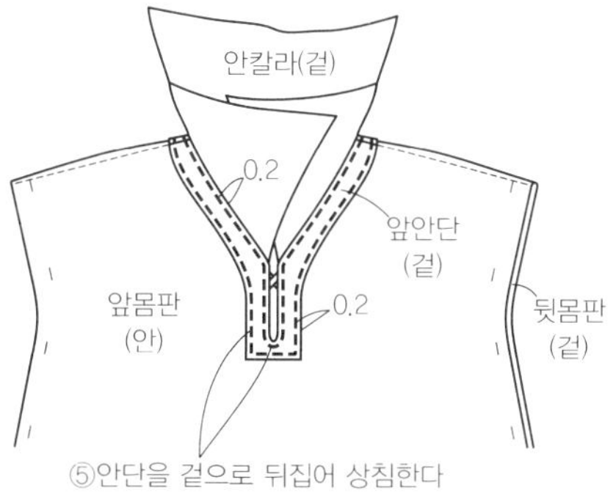

안칼라(겉)

0.2

앞안단
(겉)

앞몸판
(안)

0.2

뒷몸판
(겉)

⑤안단을 겉으로 뒤집어 상침한다

5 몸판의 옆선을 봉합하고 소매 밑단을 정리한다

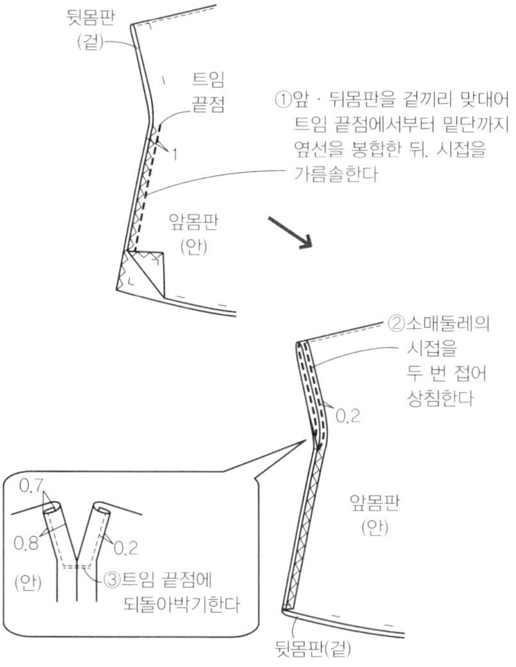

뒷몸판
(겉)

트임
끝점

1

앞몸판
(안)

①앞 · 뒤몸판을 걸끼리 맞대어
트임 끝점에서부터 밑단까지
옆선을 봉합한 뒤, 시접을
가름솔한다

②소매둘레의
시접을
두 번 접어
상침한다

0.2

앞몸판
(안)

0.7

0.8

0.2

(안)

③트임 끝점에
되돌아박기한다

뒷몸판(겉)

6 몸판의 밑단을 바이어스처리한다

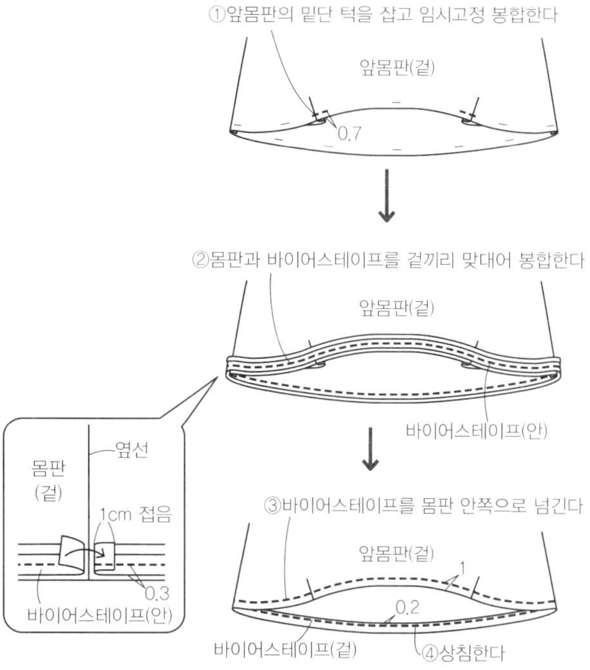

①앞몸판의 밑단 턱을 잡고 임시고정 봉합한다

앞몸판(겉)

0.7

②몸판과 바이어스테이프를 걸끼리 맞대어 봉합한다

앞몸판(겉)

바이어스테이프(안)

몸판
(겉)

옆선

1cm 접음

바이어스테이프(안)

0.3

③바이어스테이프를 몸판 안쪽으로 넘긴다

앞몸판(겉)

1

0.2

바이어스테이프(겉)

④상침한다

05 moon

블루머

PHOTO > P.18
실물크기 패턴 > A면

[재료]
· 코튼 스트레치 코듀로이…110cm폭×80〜100cm
· 1cm폭 고무줄…50cm
· 0.6cm폭 고무줄…70cm

[완성 사이즈]
· 허리둘레…43/45/47/49cm
· 팬츠길이…27/29/33/37cm

재단배치도
※지정 이외의 시접은 1cm

만드는 순서

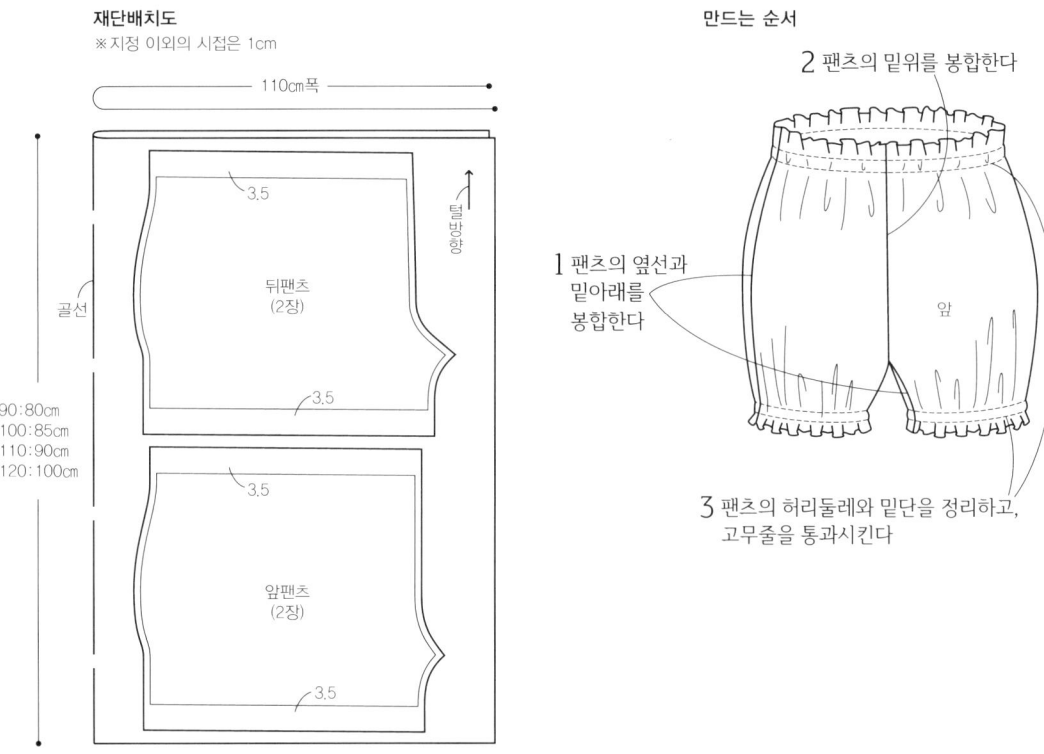

2 팬츠의 밑위를 봉합한다

110cm폭

털방향

3.5

골선

뒤팬츠
(2장)

3.5

90:80cm
100:85cm
110:90cm
120:100cm

3.5

앞팬츠
(2장)

3.5

1 팬츠의 옆선과
밑아래를
봉합한다

앞

3 팬츠의 허리둘레와 밑단을 정리하고,
고무줄을 통과시킨다

만드는 방법

1 팬츠의 옆선과 밑아래를 봉합한다

①앞 · 뒤팬츠를 겉끼리 맞대고 허리와 밑단쪽에
고무줄 통로 입구를 남기고 옆선을 봉합한다

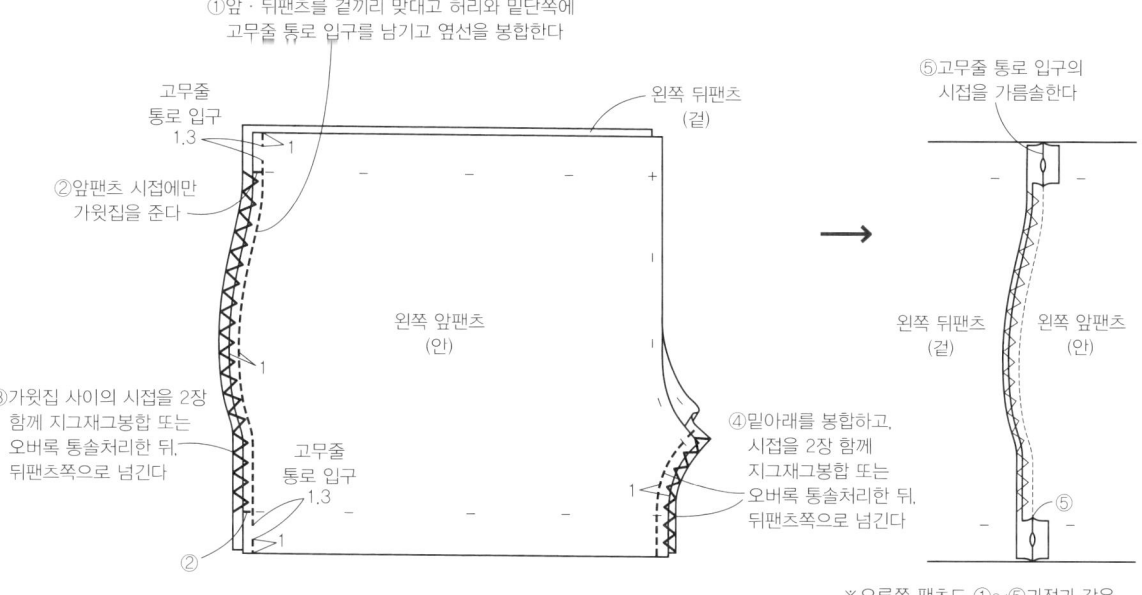

고무줄
통로 입구
1.3

②앞팬츠 시접에만
가윗집을 준다

왼쪽 뒤팬츠
(겉)

왼쪽 앞팬츠
(안)

③가윗집 사이의 시접을 2장
함께 지그재그봉합 또는
오버록 통솔처리한 뒤,
뒤팬츠쪽으로 넘긴다

고무줄
통로 입구
1.3

④밑아래를 봉합하고,
시접을 2장 함께
지그재그봉합 또는
오버록 통솔처리한 뒤,
뒤팬츠쪽으로 넘긴다

⑤고무줄 통로 입구의
시접을 가름솔한다

왼쪽 뒤팬츠
(겉)

왼쪽 앞팬츠
(안)

⑤

※오른쪽 팬츠도 ①∼⑤과정과 같은
방법으로 만든다. 이때, 팬츠 허리쪽
옆선의 고무줄 통로 입구는 제외한다

2 팬츠의 밑위를 봉합한다

①오른쪽 · 왼쪽 팬츠를 겉끼리
맞대어 밑위를 봉합한다
※밑위둘레는 이중으로 봉합한다

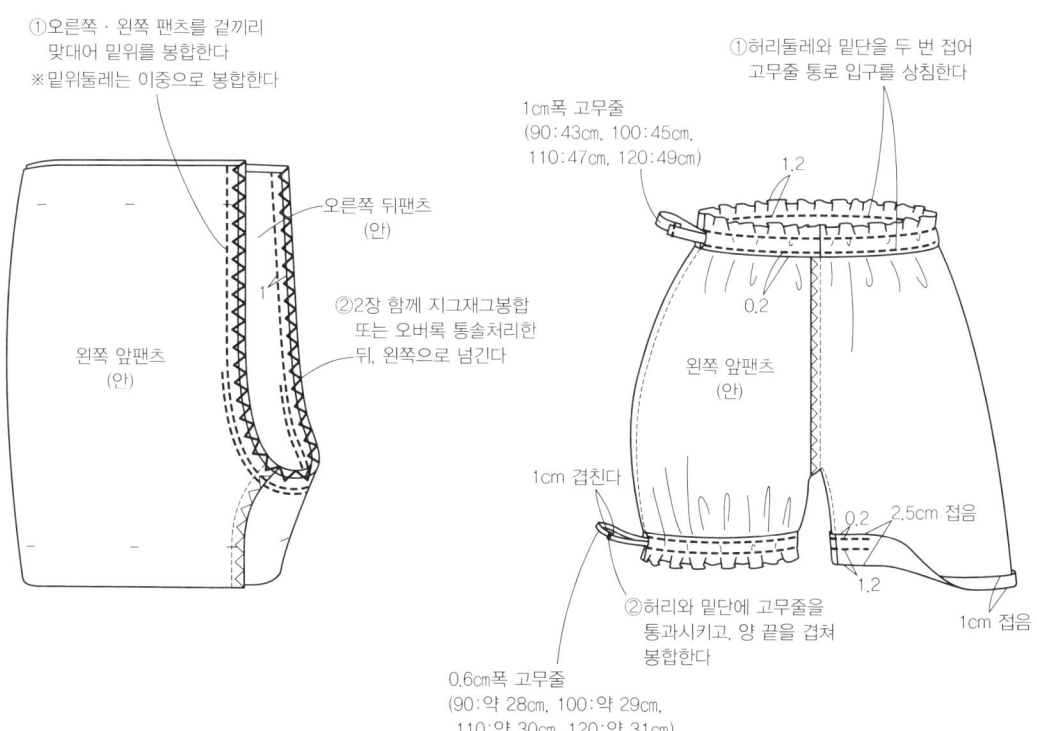

오른쪽 뒤팬츠
(안)

②2장 함께 지그재그봉합
또는 오버록 통솔처리한
뒤, 왼쪽으로 넘긴다

왼쪽 앞팬츠
(안)

3 팬츠의 허리둘레와 밑단을 정리하고, 고무줄을 통과시킨다

①허리둘레와 밑단을 두 번 접어
고무줄 통로 입구를 상침한다

1cm폭 고무줄
(90:43cm, 100:45cm,
110:47cm, 120:49cm)

1.2

0.2

왼쪽 앞팬츠
(안)

1cm 겹친다

0.2   2.5cm 접음

1.2

1cm 접음

②허리와 밑단에 고무줄을
통과시키고, 양 끝을 겹쳐
봉합한다

0.6cm폭 고무줄
(90:약 28cm, 100:약 29cm,
110:약 30cm, 120:약 31cm)

inner top & bottom

이너 상의&하의

PHOTO > P.19
실물크기 패턴 > C 면

단춧고리는 재단배치도에 기재된 치수로
직접 제도하여 사용합니다.

[재료]
· 플랫 리넨…110cm폭×80~100cm
· 1cm폭 바이어스테이프…2.5m
· 0.6cm폭 고무줄…50cm
· 0.6cm폭 단추…1개
· 자수실

[완성 사이즈]
· 가슴둘레…60/64/68/72cm
· 옷길이…30/33/36/39cm
· 허리둘레…39/42/44/46cm
· 팬츠길이…19/20/21/22cm

재단배치도
※ 지정 이외의 시접은 1cm
※ ∿∿ = 지그재그봉제 또는 오버록 처리한다

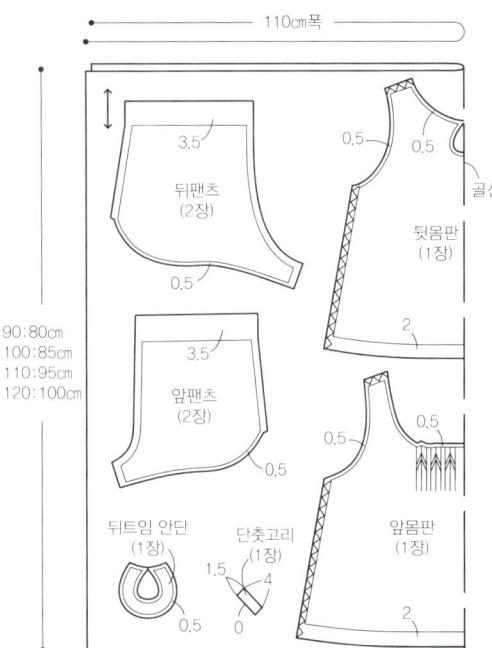

90:80cm
100:85cm
110:95cm
120:100cm

만드는 순서

〈상의〉

1 몸판에 핀턱을 봉합한다
2 몸판의 어깨와 옆선을 봉합한다
5 몸판에 뒤트임 안단을 단다
4 단춧고리를 만든다
7 몸판에 단추를 단다
3 몸판의 목둘레와 암홀둘레를 바이어스처리한다
6 몸판의 밑단을 정리한다

〈하의〉

2 팬츠의 밑위를 봉합한다
1 팬츠의 옆선과 밑아래를 봉합한다
3 팬츠의 허리를 정리하고, 고무줄을 통과시킨다
4 팬츠의 밑단을 정리한다
5 팬츠의 옆선을 손바느질로 장식한다

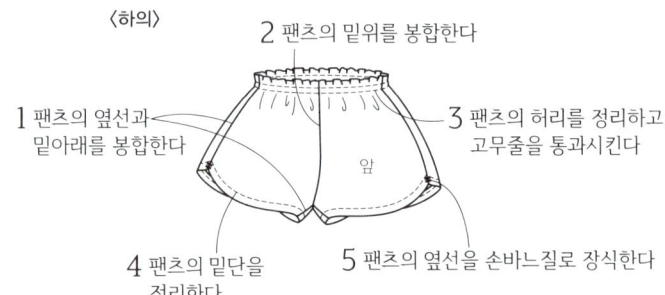

상의 만드는 방법

1 몸판에 핀턱을 봉합한다 (P.42 참고)

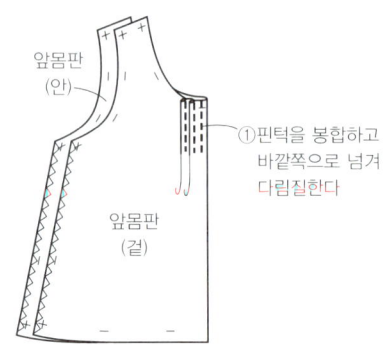

앞몸판 (안)
앞몸판 (겉)
①핀턱을 봉합하고 바깥쪽으로 넘겨 다림질한다

2 몸판의 어깨와 옆선을 봉합한다

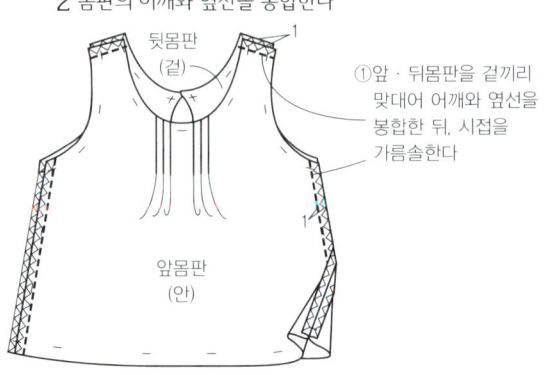

뒷몸판 (겉)
앞몸판 (안)
①앞·뒤몸판을 겉끼리 맞대어 어깨와 옆선을 봉합한 뒤, 시접을 가름솔한다

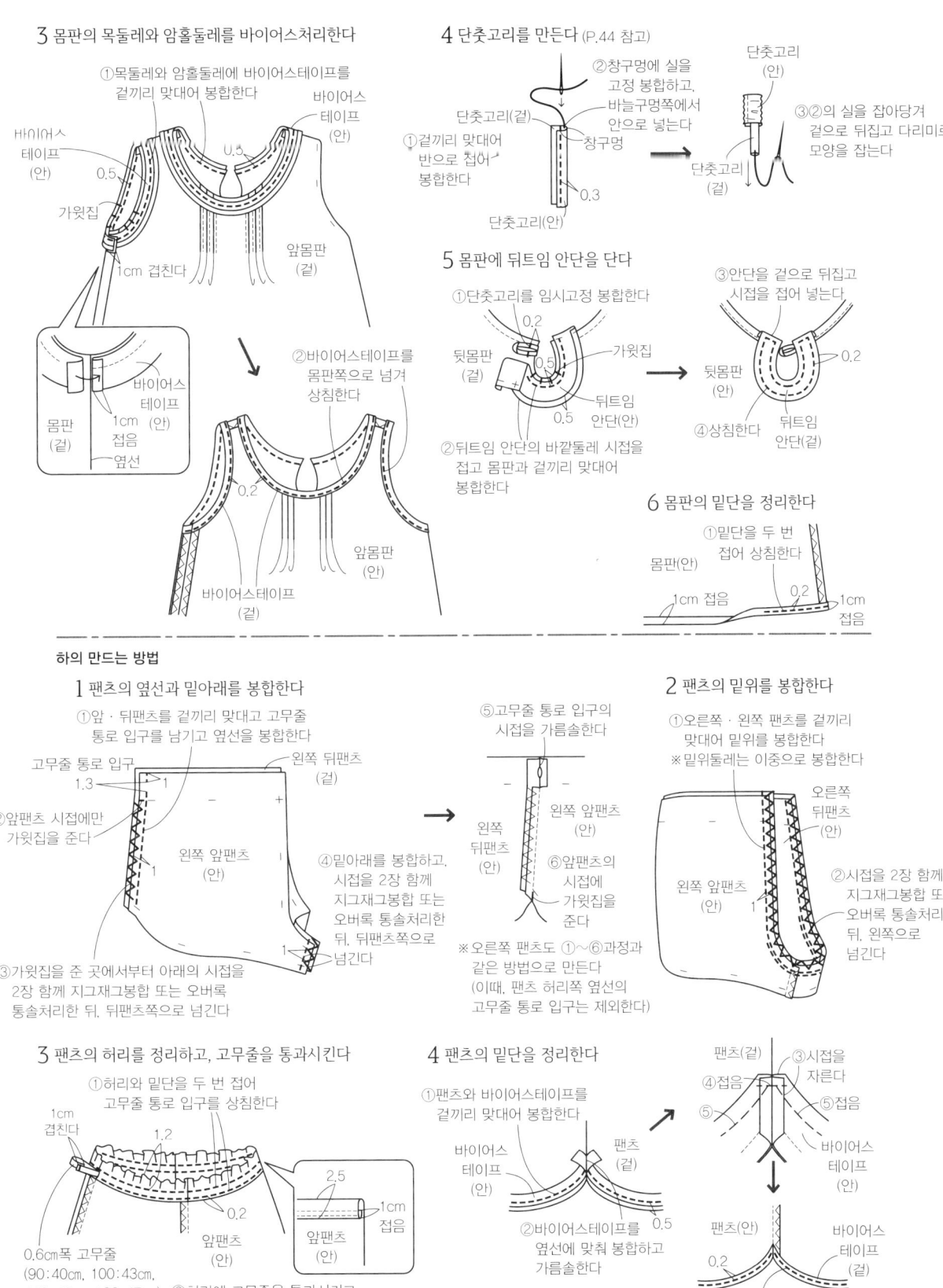

3 몸판의 목둘레와 암홀둘레를 바이어스처리한다

①목둘레와 암홀둘레에 바이어스테이프를
겉끼리 맞대어 봉합한다

바이어스
테이프
(안)

바이어스
테이프
(안)

0.5

0.5

가윗집

1cm 겹친다

앞몸판
(겉)

몸판
(겉)

바이어스
테이프
(안)

1cm
접음

옆선

②바이어스테이프를
몸판쪽으로 넘겨
상침한다

0.2

바이어스테이프
(겉)

앞몸판
(안)

4 단춧고리를 만든다 (P.44 참고)

②창구멍에 실을
고정 봉합하고,
바늘구멍쪽에서
안으로 넣는다

단춧고리(겉)

①겉끼리 맞대어
반으로 접어
봉합한다

창구멍

0.3

단춧고리(안)

단춧고리
(안)

③②의 실을 잡아당겨
겉으로 뒤집고 다리미로
모양을 잡는다

단춧고리
(겉)

5 몸판에 뒤트임 안단을 단다

①단춧고리를 임시고정 봉합한다

0.2

뒷몸판
(겉)

0.5

가윗집

0.5

뒤트임
안단(안)

②뒤트임 안단의 바깥둘레 시접을
접고 몸판과 겉끼리 맞대어
봉합한다

③안단을 겉으로 뒤집고
시접을 접어 넣는다

0.2

뒷몸판
(안)

④상침한다

뒤트임
안단(겉)

6 몸판의 밑단을 정리한다

①밑단을 두 번
접어 상침한다

몸판(안)

1cm 접음

0.2

1cm
접음

하의 만드는 방법

1 팬츠의 옆선과 밑아래를 봉합한다

①앞·뒤팬츠를 겉끼리 맞대고 고무줄
통로 입구를 남기고 옆선을 봉합한다

고무줄 통로 입구

1.3

1

왼쪽 뒤팬츠
(겉)

②앞팬츠 시접에만
가윗집을 준다

왼쪽 앞팬츠
(안)

1

④밑아래를 봉합하고,
시접을 2장 함께
지그재그봉합 또는
오버록 통솔처리한
뒤, 뒤팬츠쪽으로
넘긴다

③가윗집을 준 곳에서부터 아래의 시접을
2장 함께 지그재그봉합 또는 오버록
통솔처리한 뒤, 뒤팬츠쪽으로 넘긴다

1

⑤고무줄 통로 입구의
시접을 가름솔한다

왼쪽
뒤팬츠
(안)

왼쪽 앞팬츠
(안)

⑥앞팬츠의
시접에
가윗집을
준다

※오른쪽 팬츠도 ①~⑥과정과
같은 방법으로 만든다
(이때, 팬츠 허리쪽 옆선의
고무줄 통로 입구는 제외한다)

2 팬츠의 밑위를 봉합한다

①오른쪽·왼쪽 팬츠를 겉끼리
맞대어 밑위를 봉합한다
※밑위둘레는 이중으로 봉합한다

오른쪽
뒤팬츠
(안)

왼쪽 앞팬츠
(안)

1

②시접을 2장 함께
지그재그봉합 또는
오버록 통솔처리한
뒤, 왼쪽으로
넘긴다

3 팬츠의 허리를 정리하고, 고무줄을 통과시킨다

①허리와 밑단을 두 번 접어
고무줄 통로 입구를 상침한다

1cm
겹친다

1.2

0.2

2.5

앞팬츠
(안)

1cm
접음

앞팬츠
(안)

0.6cm폭 고무줄
(90:40cm, 100:43cm,
110:45cm, 120:47cm)

②허리에 고무줄을 통과시키고
양 끝을 겹쳐 봉합한다

4 팬츠의 밑단을 정리한다

①팬츠와 바이어스테이프를
겉끼리 맞대어 봉합한다

바이어스
테이프
(안)

팬츠
(겉)

0.5

②바이어스테이프를
옆선에 맞춰 봉합하고
가름솔한다

팬츠(겉)

③시접을
자른다

④접음

⑤접음

⑤

바이어스
테이프
(안)

팬츠(안)

0.2

바이어스
테이프
(겉)

⑥바이어스테이프를 팬츠
안쪽으로 넘겨 상침한다

07　Sundress

선 드레스

PHOTO > P.20
실물크기 패턴 > B 면

어깨끈 바이어스천, 목둘레 바이어스천, 프릴감은
재단배치도에 기재된 치수로 직접 제도하여 사용
합니다.

[재료]
· 플랫 리넨…110cm폭×210~220cm
· 0.8cm폭 단추…2개

[완성 사이즈]
· 가슴둘레…76/80/84/88cm
· 옷길이…52/55/58/61cm

재단배치도
※지정 이외의 시접은 1cm

만드는 순서

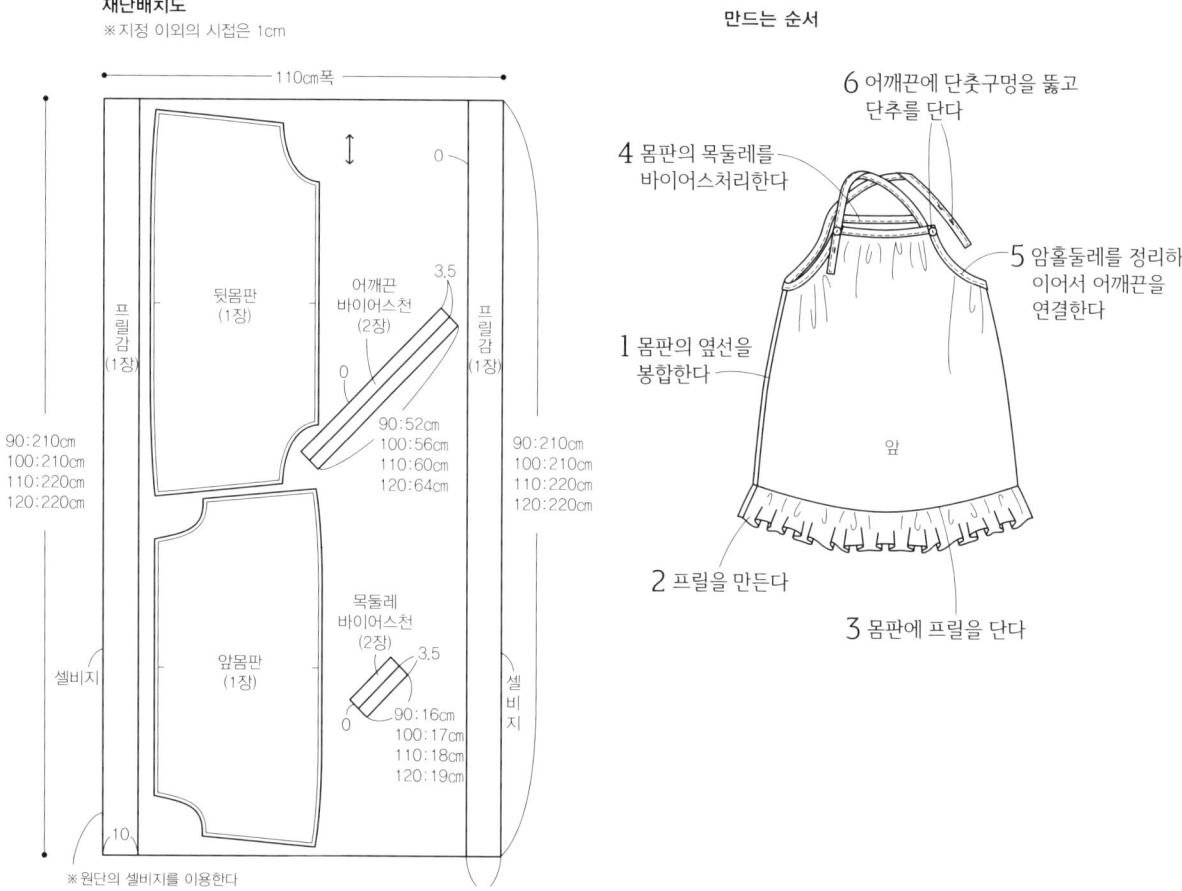

만드는 방법

1 몸판의 옆선을 봉합한다

뒷몸판(겉)

①앞·뒤몸판을
겉끼리 맞대어
옆선을 봉합한다

②2장 함께 지그재그봉합
또는 오버록 통솔처리한
뒤, 뒷몸판쪽으로 넘긴다

앞몸판
(안)

1

2 프릴을 만든다

①겉끼리 맞대어 옆선을 봉합하고 시접을 2장 함께 지그재그봉합
또는 오버록 통솔처리한 뒤, 뒤쪽으로 넘긴다

③큰 땀으로 두 줄
봉합한다

프릴감(겉)

0.2

0.5

프릴감(안)

1

②셀비지쪽을 인터록 처리한다

※인터록이 없는 경우에는 말아박기 노루발을
사용하여 두 번 접어 상침한다

3 몸판에 프릴을 단다

앞몸판(겉)

①프릴을 몸판 둘레에
맞춰 주름을 잡고,
몸판과 겉끼리
맞대어 봉합한다

②2장 함께 지그재그봉합
또는 오버록 통솔처리한
뒤, 몸판쪽으로 넘긴다

프릴감(안)

1

4 몸판의 목둘레를 바이어스처리한다

목둘레 바이어스천(겉)

반으로 접음

0.5cm 접음

①세 번 접어 다린다
※총 2개 만든다

②몸판의 목둘레에 큰 땀으로 2줄 봉합하고, 주름을 잡는다

0.2   0.5

0.5

목둘레 바이어스천(안)

뒷몸판(안)

앞몸판(겉)

③바이어스천을 펼치고 목둘레를
겉끼리 맞대어 봉합한다

목둘레 바이어스천(겉)

0.2

뒷몸판(겉)

앞몸판
(안)

④목둘레 바이어스천으로
시접을 감싸 상침한다

5 암홀둘레를 정리하고 이어서 어깨끈을 연결한다

①암홀둘레에 큰 땀으로 2줄 봉합하고
주름을 잡는다

0.2

0.5

뒷몸판
(안)

앞몸판
(겉)

1cm 접음

31/33/35/37

어깨끈
바이어스천
(겉)

19/21/23/25

②P.67 4–①~④ 과정과 같은
방법으로 만들고 어깨끈을
이어서 상침한다

1cm 접음

뒷몸판
(겉)

앞몸판
(겉)

옆선

6 어깨끈에 단춧구멍을 뚫고 단추를 단다

①단춧구멍을 뚫는다

3   6

②몸판쪽에
단추를 단다

앞몸판
(겉)

09 apron

에이프런

PHOTO > P.26
실물크기 패턴 > B 면

끈감은 재단배치도에 기재된 치수로 직접
제도하여 사용합니다.

[재료]
· 플랫 리넨…110cm폭×75~90cm

[완성 사이즈]
· 가슴둘레…58/62/64/66cm
· 옷길이…35/38/41/43cm

재단배치도
※지정 이외의 시접은 1cm

만드는 순서

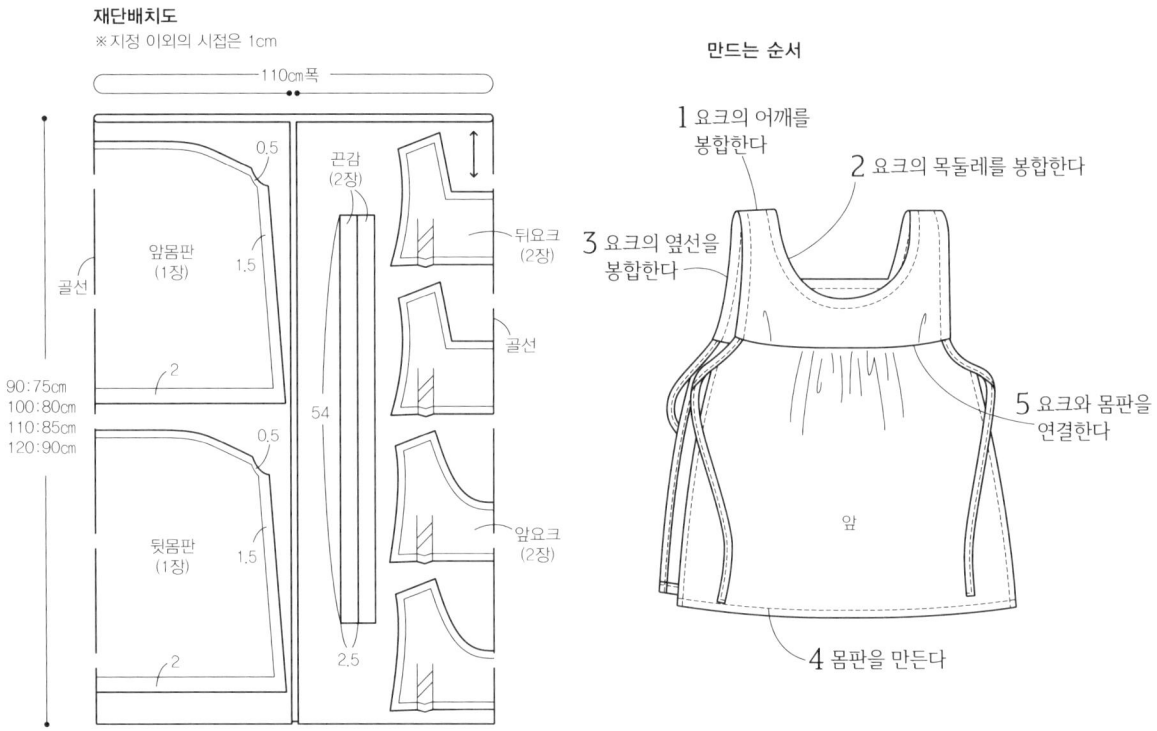

110cm폭

앞몸판
(1장)

골선

0.5

1.5

2

90:75cm
100:80cm
110:85cm
120:90cm

뒷몸판
(1장)

골선

0.5

1.5

2

끈감
(2장)

54

2.5

뒤요크
(2장)

골선

앞요크
(2장)

1 요크의 어깨를
봉합한다

2 요크의 목둘레를 봉합한다

3 요크의 옆선을
봉합한다

4 몸판을 만든다

5 요크와 몸판을
연결한다

앞

만드는 방법

1 요크의 어깨를 봉합한다

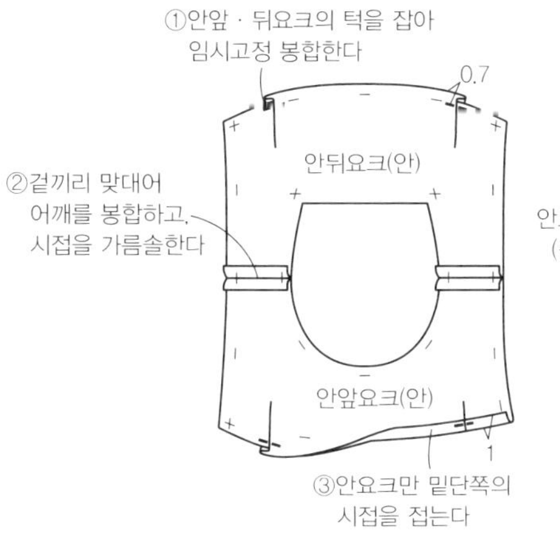

①안앞·뒤요크의 턱을 잡아 임시고정 봉합한다

0.7

안뒤요크(안)

②겉끼리 맞대어 어깨를 봉합하고, 시접을 가름솔한다

안앞요크(안)

③안요크만 밑단쪽의 시접을 접는다

1

※겉요크도 ①~②과정과 같은 방법으로 만든다

2 요크의 목둘레를 봉합한다

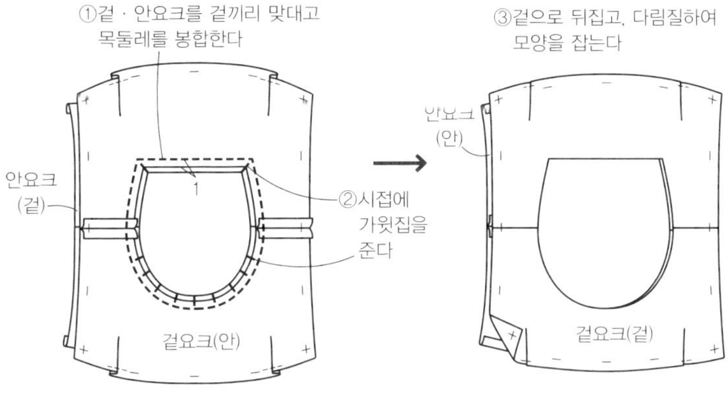

①겉·안요크를 겉끼리 맞대고 목둘레를 봉합한다

안요크(겉)

1

②시접에 가윗집을 준다

겉요크(안)

③겉으로 뒤집고, 다림질하여 모양을 잡는다

안요크(안)

겉요크(겉)

3 요크의 옆선을 봉합한다

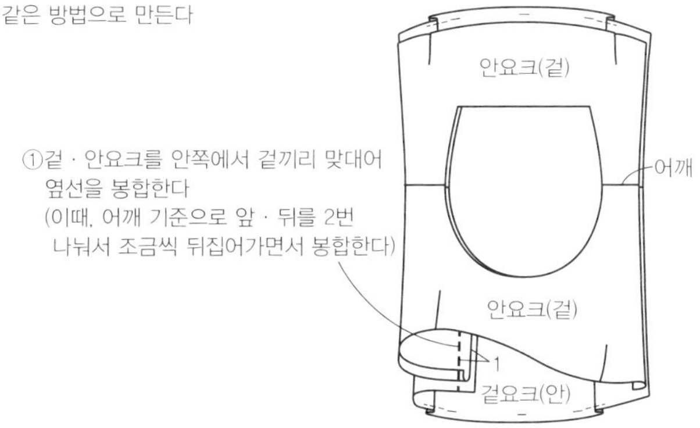

안요크(겉)

어깨

①겉·안요크를 안쪽에서 겉끼리 맞대어 옆선을 봉합한다
(이때, 어깨 기준으로 앞·뒤를 2번 나눠서 조금씩 뒤집어가면서 봉합한다)

안요크(겉)

1

겉요크(안)

4 몸판을 만든다

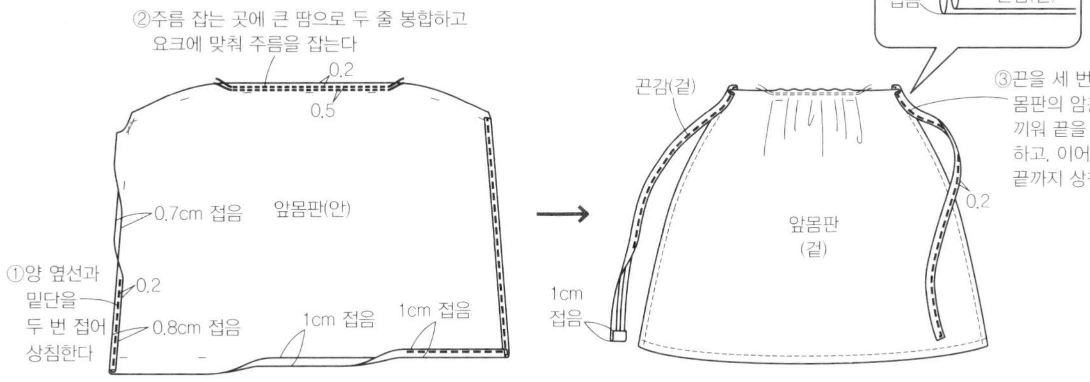

②주름 잡는 곳에 큰 땀으로 두 줄 봉합하고 요크에 맞춰 주름을 잡는다

0.2
0.5

0.7cm 접음

앞몸판(안)

①양 옆선과 밑단을 두 번 접어 상침한다

0.2
0.8cm 접음
1cm 접음   1cm 접음

0.6cm 접음   끈감(겉)

③끈을 세 번 접어 몸판의 암홀둘레에 끼워 끝을 고정상침하고, 이어서 끈 끝까지 상침한다

끈감(겉)

앞몸판(겉)

1cm 접음

0.2

※반대쪽도 ①~③과정과 같은 방법으로 만든다

5 요크와 몸판을 연결한다

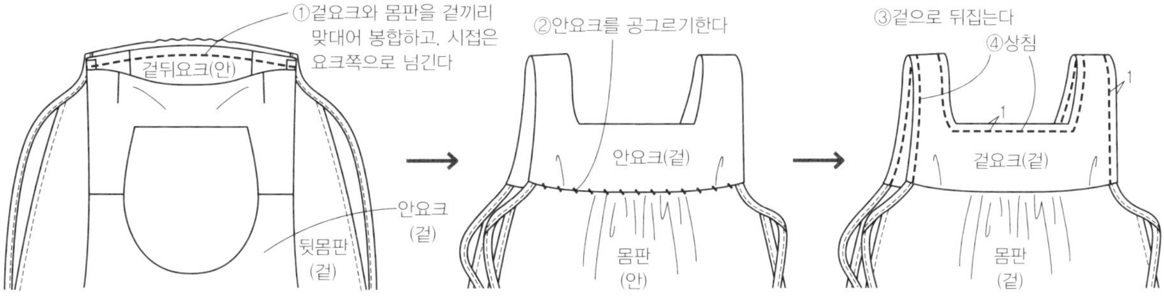

①겉요크와 몸판을 겉끼리 맞대어 봉합하고, 시접은 요크쪽으로 넘긴다

겉뒤요크(안)

안요크(겉)

뒷몸판(겉)

②안요크를 공그르기한다

안요크(겉)

몸판(안)

③겉으로 뒤집는다
④상침

1
1

겉요크(겉)

몸판(겉)

※반대쪽도 ①~②과정과 같은 방법으로 만든다

<u>10</u> circuitus

긴소매 셔츠

PHOTO > P.28
실물크기 패턴 > C 면

[재료]
· 오리지널 리넨…110cm폭×80〜100cm
· 1cm폭 단추…4개

[완성 사이즈]
· 가슴둘레…72/76/80/85cm
· 옷길이…30/33/36/39cm
· 소매길이…15.5/18.5/21.5/24.5cm

재단배치도
※지정 이외의 시접은 1cm

─110cm폭─

뒷몸판
(1장)

소매
(2장)

3

90:80cm
100:85cm
110:90cm
120:100cm

골선   뒤안단(1장)

앞몸판
(2장)

뒤밑단안단
(1장)

앞안단(2장)

만드는 순서

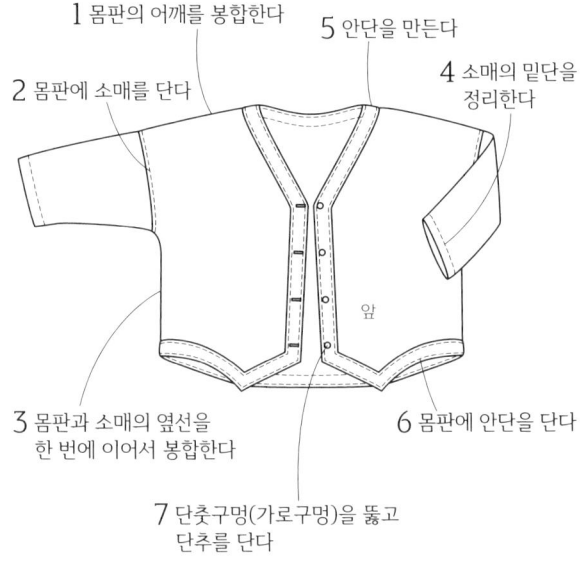

1 몸판의 어깨를 봉합한다

2 몸판에 소매를 단다

5 안단을 만든다

4 소매의 밑단을 정리한다

3 몸판과 소매의 옆선을 한 번에 이어서 봉합한다

앞

6 몸판에 안단을 단다

7 단춧구멍(가로구멍)을 뚫고 단추를 단다

만드는 방법

1 몸판의 어깨를 봉합한다

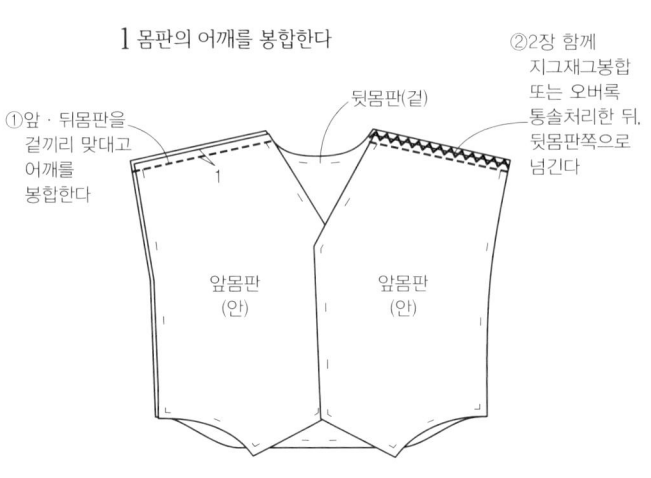

①앞·뒷몸판을 겉끼리 맞대고 어깨를 봉합한다

뒷몸판(겉)

②2장 함께 지그재그봉합 또는 오버록 통솔처리한 뒤, 뒷몸판쪽으로 넘긴다

1

앞몸판
(안)

앞몸판
(안)

2 몸판에 소매를 단다

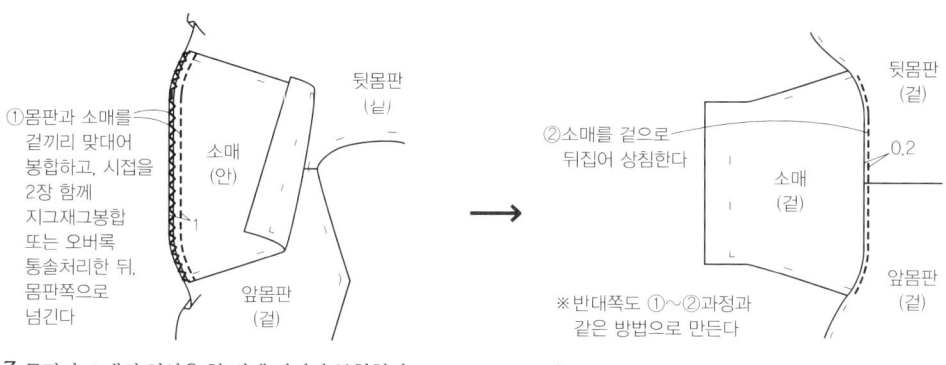

①몸판과 소매를 겉끼리 맞대어 봉합하고, 시접을 2장 함께 지그재그봉합 또는 오버록 통솔처리한 뒤, 몸판쪽으로 넘긴다

뒷몸판
(밑)

소매
(안)

앞몸판
(겉)

②소매를 겉으로 뒤집어 상침한다

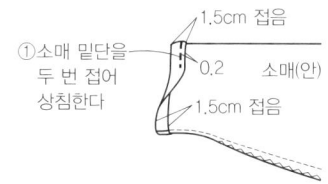

뒷몸판
(겉)

0.2

소매
(겉)

앞몸판
(겉)

※반대쪽도 ①~②과정과 같은 방법으로 만든다

3 몸판과 소매의 옆선을 한 번에 이어서 봉합한다

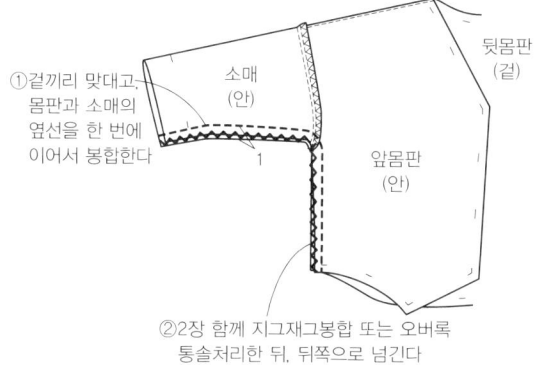

①겉끼리 맞대고, 몸판과 소매의 옆선을 한 번에 이어서 봉합한다

소매
(안)

뒷몸판
(겉)

앞몸판
(안)

②2장 함께 지그재그봉합 또는 오버록 통솔처리한 뒤, 뒤쪽으로 넘긴다

4 소매의 밑단을 정리한다

①소매 밑단을 두 번 접어 상침한다

1.5cm 접음

0.2 소매(안)

1.5cm 접음

5 안단을 만든다

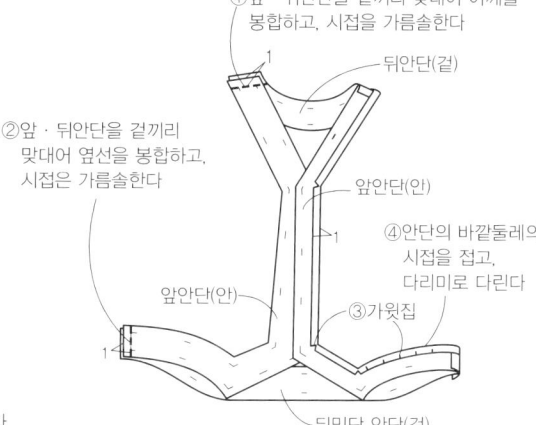

①앞·뒤안단을 겉끼리 맞대어 어깨를 봉합하고, 시접을 가름솔한다

뒤안단(겉)

②앞·뒤안단을 겉끼리 맞대어 옆선을 봉합하고, 시접은 가름솔한다

앞안단(안)

④안단의 바깥둘레의 시접을 접고, 다리미로 다린다

앞안단(안)

③가윗집

뒤밑단 안단(겉)

6 몸판에 안단을 단다

②가윗집

앞안단(안)

1

앞몸판
(안)

③모서리를 자른다

①몸판과 안단을 겉끼리 맞대고 목둘레, 앞 끝, 밑단을 한 번에 이어서 봉합한다

0.2

안단(겉)

앞몸판
(겉)

④안단을 겉으로 뒤집고 상침한다

0.2

7 단춧구멍(가로구멍)을 뚫고 단추를 단다

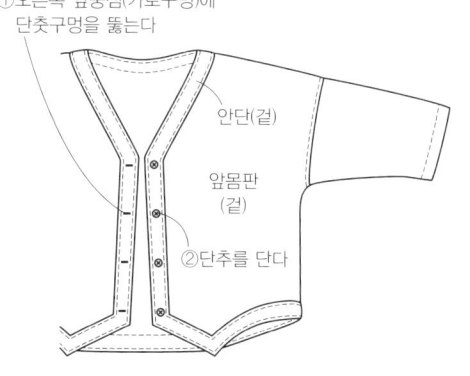

①오른쪽 앞중심(가로구멍)에 단춧구멍을 뚫는다

안단(겉)

앞몸판
(겉)

②단추를 단다

$\underset{11}{\sim}$ polar

멜빵바지

[재료]
· 벨기에 리넨…118cm폭×115~160cm
· 1.2cm폭 □링…2개
· 1.2cm폭 길이조절 고리…1개

[완성 사이즈]
· 허리둘레…62/64/66/68cm
· 팬츠길이…50/55/60/65cm

PHOTO > P.30
실물크기 패턴 > D 면

어깨끈감, 뒤끈감, 고리끈감, 벨트끈감은
재단배치도에 기재된 치수로 직접 제도
하여 사용합니다.

재단배치도
※지정 이외의 시접은 1cm

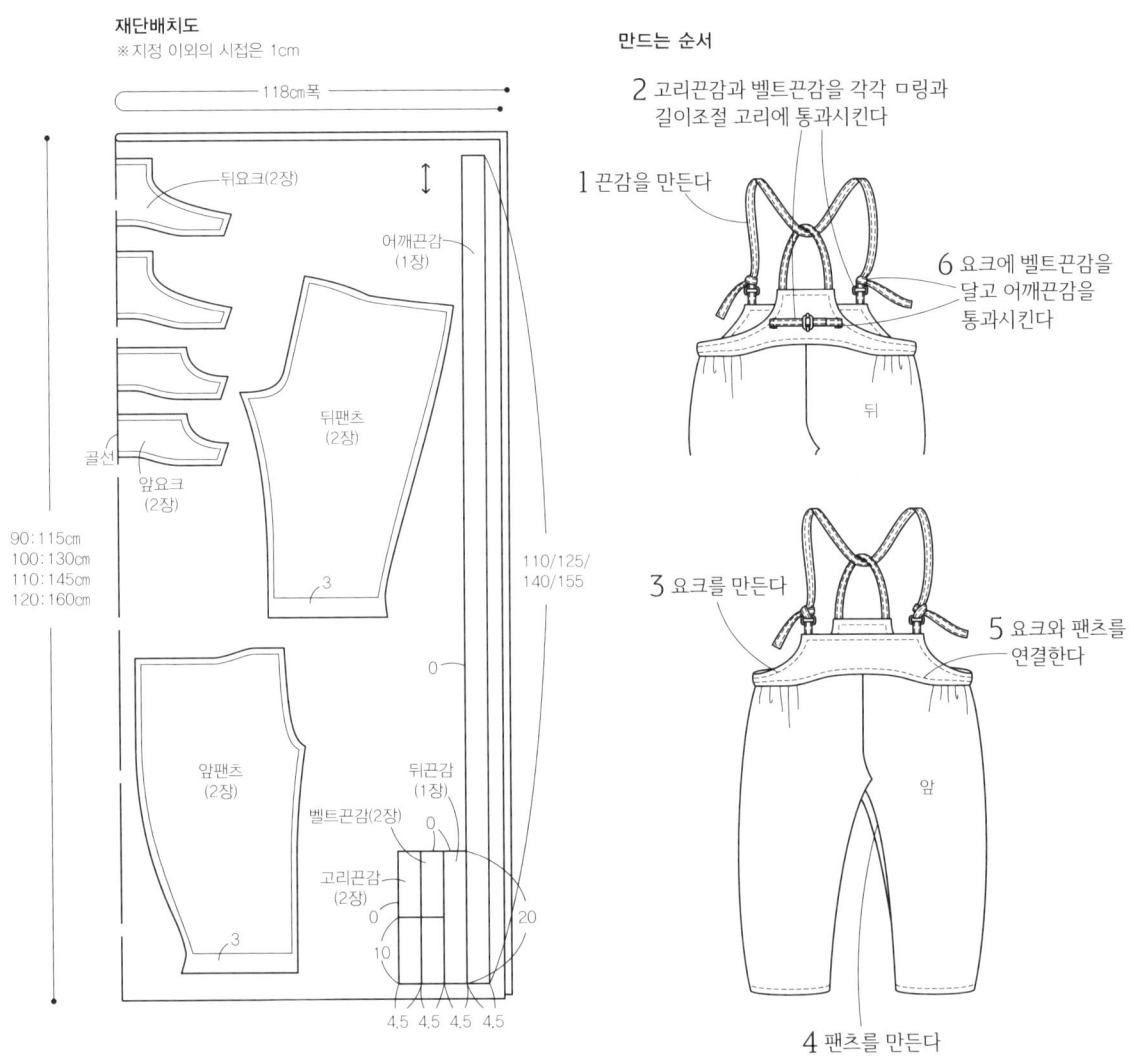

← 118cm폭 →

뒤요크(2장)
어깨끈감(1장)
골선
앞요크(2장)
뒤팬츠(2장)
3
90:115cm
100:130cm
110:145cm
120:160cm
110/125/140/155
0
앞팬츠(2장)
뒤끈감(1장)
0
벨트끈감(2장)
고리끈감(2장)
0
3
10
20
4.5 4.5 4.5 4.5

만드는 순서

2 고리끈감과 벨트끈감을 각각 □링과
길이조절 고리에 통과시킨다

1 끈감을 만든다

6 요크에 벨트끈감을
달고 어깨끈감을
통과시킨다

뒤

3 요크를 만든다

5 요크와 팬츠를
연결한다

앞

4 팬츠를 만든다

만드는 방법

1 끈감을 만든다

〈어깨끈감〉

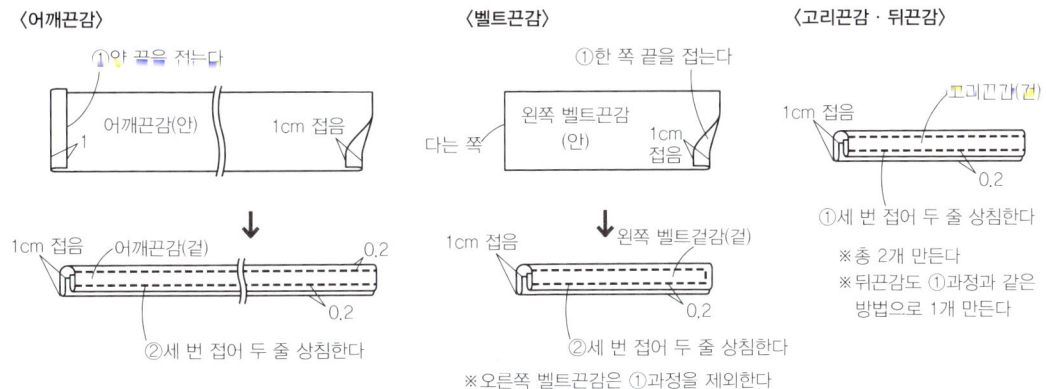

①양 끝을 접는다

어깨끈감(안)　　1cm 접음

1cm 접음　어깨끈감(겉)　　0.2

0.2

②세 번 접어 두 줄 상침한다

〈벨트끈감〉

①한 쪽 끝을 접는다

왼쪽 벨트끈감
(안)　　1cm
접음

다는 쪽

1cm 접음　왼쪽 벨트겉감(겉)

0.2

②세 번 접어 두 줄 상침한다

※오른쪽 벨트끈감은 ①과정을 제외한다

〈고리끈감 · 뒤끈감〉

고리끈감(겉)

1cm 접음

0.2

①세 번 접어 두 줄 상침한다

※총 2개 만든다
※뒤끈감도 ①과정과 같은
　방법으로 1개 만든다

2 고리끈감과 벨트끈감을 각각 ㅁ링과 길이조절 고리에 통과시킨다

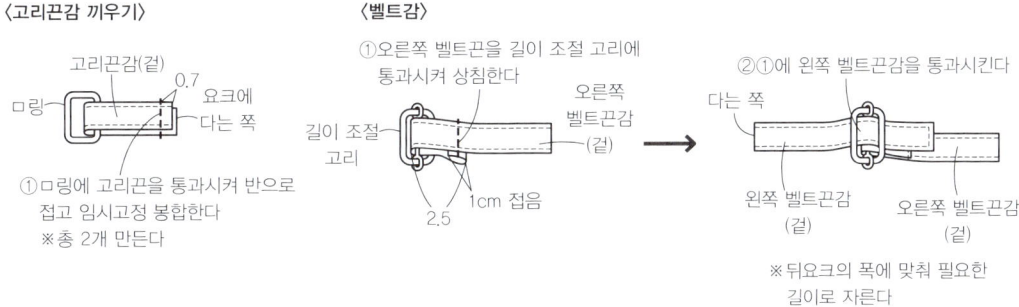

〈고리끈감 끼우기〉

고리끈감(겉)　　0.7

ㅁ링　　　　　요크에
　　　　　　　다는 쪽

①ㅁ링에 고리끈을 통과시켜 반으로
접고 임시고정 봉합한다
※총 2개 만든다

〈벨트감〉

①오른쪽 벨트끈을 길이 조절 고리에
통과시켜 상침한다

길이 조절
고리　　　　　오른쪽
　　　　　　　벨트끈감
　　　　　　　(겉)

2.5　1cm 접음

②①에 왼쪽 벨트끈감을 통과시킨다

다는 쪽

왼쪽 벨트끈감　　오른쪽 벨트끈감
(겉)　　　　　　(겉)

※뒤요크의 폭에 맞춰 필요한
　길이로 자른다

3 요크를 만든다

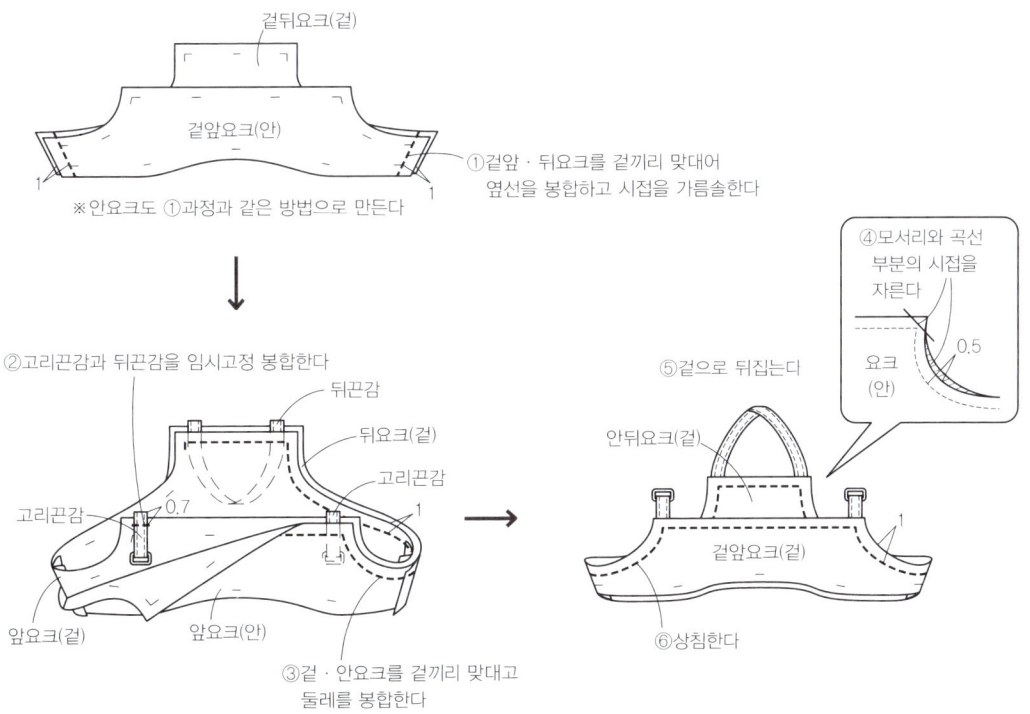

겉뒤요크(겉)

겉앞요크(안)

①겉앞 · 뒤요크를 겉끼리 맞대어
　옆선을 봉합하고 시접을 가름솔한다

1　　　　　　　1

※안요크도 ①과정과 같은 방법으로 만든다

②고리끈감과 뒤끈감을 임시고정 봉합한다

뒤끈감
뒤요크(겉)
고리끈감

고리끈감　0.7　　　　　　1

앞요크(겉)　　앞요크(안)

③겉 · 안요크를 겉끼리 맞대고
　둘레를 봉합한다

④모서리와 곡선
부분의 시접을
자른다

요크
(안)　　0.5

⑤겉으로 뒤집는다

안뒤요크(겉)

겉앞요크(겉)　　　　1

⑥상침한다

4 팬츠를 만든다

①앞 · 뒤팬츠를 겉끼리 맞대어 옆선을 봉합한다

뒤팬츠(겉)

앞팬츠 (안)

②2장 함께 지그재그 봉합 또는 오버록 통솔처리한 뒤, 뒤팬츠쪽으로 넘긴다

③밑아래를 봉합하고, 시접을 2장 함께 지그재그봉합 또는 오버록 통솔처리한 뒤, 뒤팬츠쪽으로 넘긴다

④오른쪽 팬츠와 왼쪽 팬츠를 겉끼리 맞대어 밑위를 봉합한다
※밑위둘레는 이중으로 봉합한다

오른쪽 뒤팬츠 (안)

왼쪽 앞팬츠 (안)

⑤2장 함께 지그재그봉합 또는 오버록 통솔처리한 뒤, 왼쪽으로 넘긴다

※반대쪽도 ①~③과정과 같은 방법으로 만든다

⑥밑단을 두 번 접어 상침한다

팬츠 (안)

1.5cm 접음   0.2   1.5cm 접음

0.2   0.2
0.5
0.5

⑦겉으로 뒤집는다

팬츠 (겉)

⑧옆선의 주름 위치에 큰 땀으로 두 줄 봉합하고, 주름을 잡는다

5 요크와 팬츠를 연결한다

①요크와 팬츠를 겉끼리 맞대어 봉합한다

②3장 함께 지그재그 봉합 또는 오버록 통솔처리한 뒤, 시접을 요크쪽으로 넘긴다

안앞요크(겉)

앞팬츠 (겉)

겉앞요크 (겉)

③상침한다

0.2

앞팬츠 (겉)

6 요크에 벨트끈감을 달고 어깨끈감을 통과시킨다

어깨끈감

뒤끈감

②어깨끈감을 뒤끈감의 □링에 통과시켜 묶는다

①뒤요크에 벨트끈감을 고정 상침하여 단다

0.2
0.2

벨트끈감

1cm 접음

뒤팬츠 (겉)

$\underline{15}$ syne

아우터

PHOTO > P.36
실물크기 패턴 > D 면

목둘레 바이어스천은 재단배치도에 기재된
치수로 직접 제도하여 사용합니다.

[재료]
· 셰틀랜드 울 리넨 헤링본…110cm폭×135～160cm
· 1.2cm폭 바이어스테이프…1.6m
· 1.8cm폭 단추…5개

[완성 사이즈]
· 옷길이…42/45/48/51cm

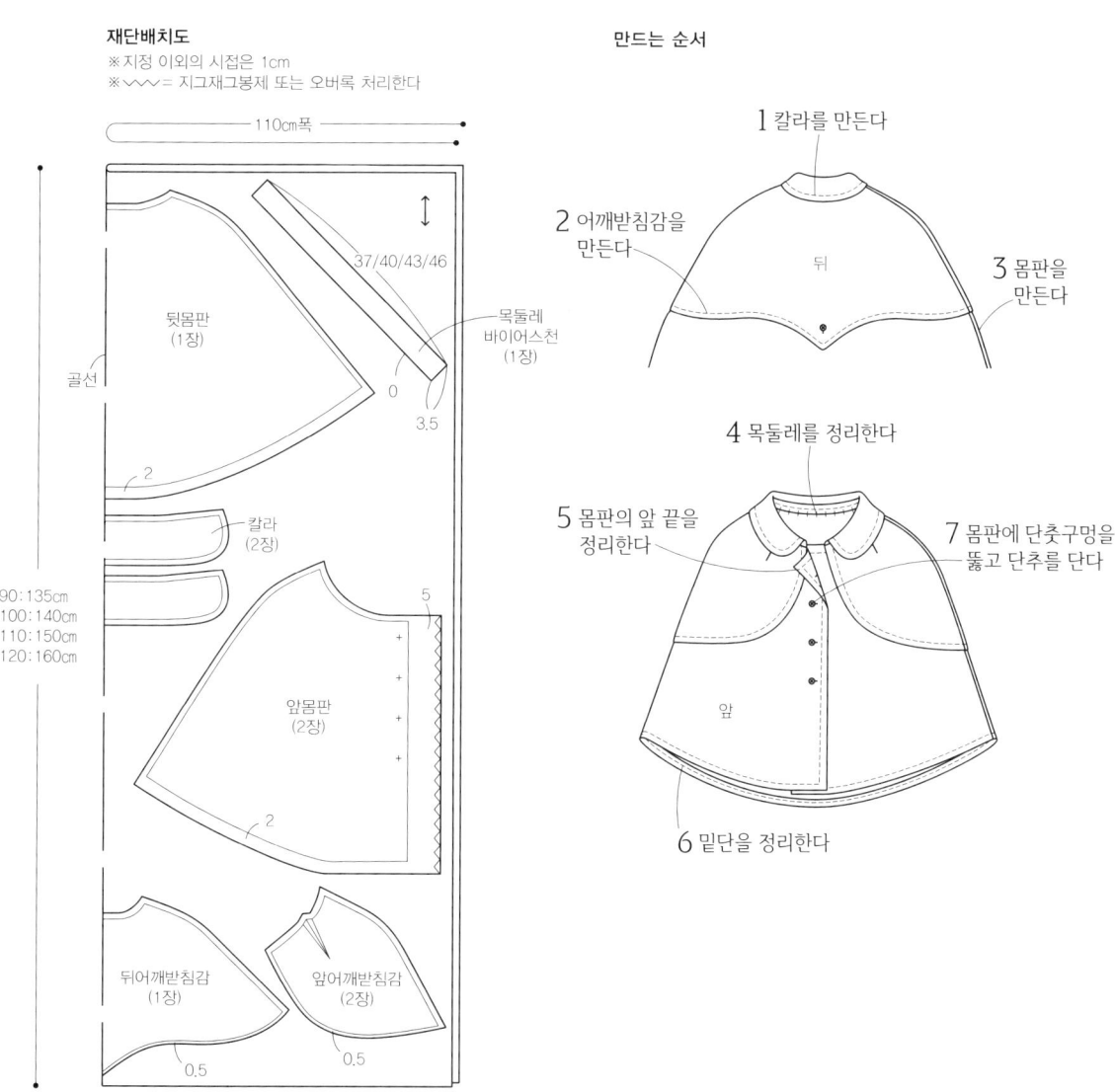

재단배치도
※ 지정 이외의 시접은 1cm
※ ⋁⋁⋁ = 지그재그봉제 또는 오버록 처리한다

110cm폭

37/40/43/46

뒷몸판
(1장)

골선

목둘레
바이어스천
(1장)

0

3.5

2

칼라
(2장)

90:135cm
100:140cm
110:150cm
120:160cm

5

앞몸판
(2장)

+

+

+

+

2

뒤어깨받침감
(1장)

앞어깨받침감
(2장)

0.5

0.5

만드는 순서

1 칼라를 만든다

2 어깨받침감을
만든다

뒤

3 몸판을
만든다

4 목둘레를 정리한다

5 몸판의 앞 끝을
정리한다

7 몸판에 단춧구멍을
뚫고 단추를 단다

앞

6 밑단을 정리한다

만드는 방법

1 칼라를 만든다

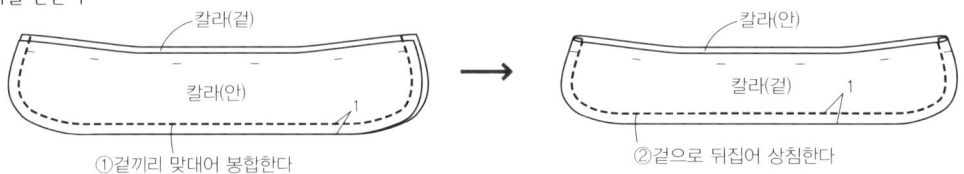

칼라(겉)

칼라(안)

①겉끼리 맞대어 봉합한다

칼라(안)

칼라(겉)

②겉으로 뒤집어 상침한다

2 어깨받침감을 만든다

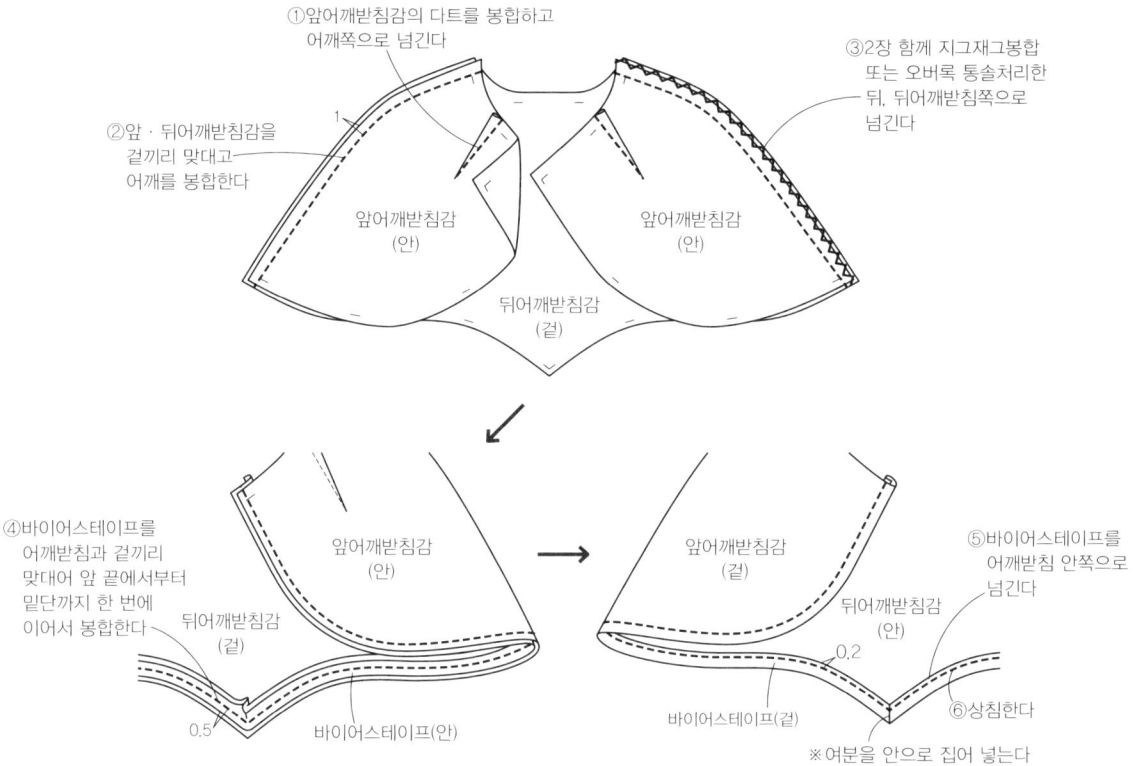

①앞어깨받침감의 다트를 봉합하고 어깨쪽으로 넘긴다

③2장 함께 지그재그봉합 또는 오버록 통솔처리한 뒤, 뒤어깨받침쪽으로 넘긴다

②앞·뒤어깨받침감을 겉끼리 맞대고 어깨를 봉합한다

앞어깨받침감 (안)

앞어깨받침감 (안)

뒤어깨받침감 (겉)

④바이어스테이프를 어깨받침과 겉끼리 맞대어 앞 끝에서부터 밑단까지 한 번에 이어서 봉합한다

앞어깨받침감 (안)

뒤어깨받침감 (겉)

0.5

바이어스테이프(안)

⑤바이어스테이프를 어깨받침 안쪽으로 넘긴다

앞어깨받침감 (겉)

뒤어깨받침감 (안)

0.2

바이어스테이프(겉)

⑥상침한다

※여분을 안으로 집어 넣는다

3 몸판을 만든다

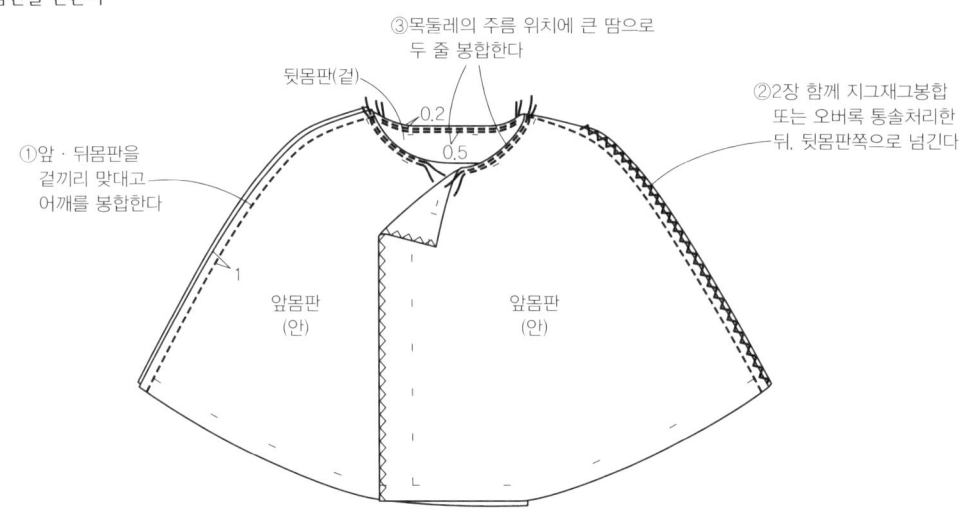

③목둘레의 주름 위치에 큰 땀으로 두 줄 봉합한다

뒷몸판(겉)

0.2

0.5

②2장 함께 지그재그봉합 또는 오버록 통솔처리한 뒤, 뒷몸판쪽으로 넘긴다

①앞·뒤몸판을 겉끼리 맞대고 어깨를 봉합한다

앞몸판 (안)

앞몸판 (안)

4 목둘레를 정리한다

① 몸판과 어깨받침을 걸끼리 맞대고, 어깨받침둘레에 맞춰 주름을 잡은 뒤, 그 위에 칼라를 얹어 3겹을 시쳐고정 봉합한다

② 바이어스천의 한 쪽을 1cm 접어 다리고, 칼라와 걸끼리 맞대어 봉합한다

③ 바이어스천을 몸판 안쪽으로 넘기고 공그르기한다

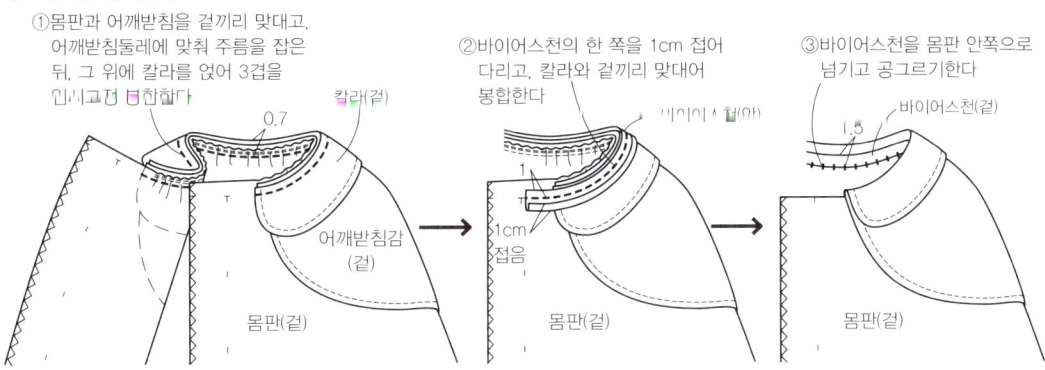

칼라(겉)
0.7
어깨받침감(겉)
몸판(겉)
바이어스천(안)
1
1cm 접음
몸판(겉)
1.5
바이어스천(겉)
몸판(겉)

5 몸판의 앞 끝을 정리한다

① 앞 끝의 시접을 접어 다린다

몸판(안)
1cm 접음

② 한 번 더 접어 다리고 위쪽을 감친다

몸판(안)
4cm 접음

6 밑단을 정리한다

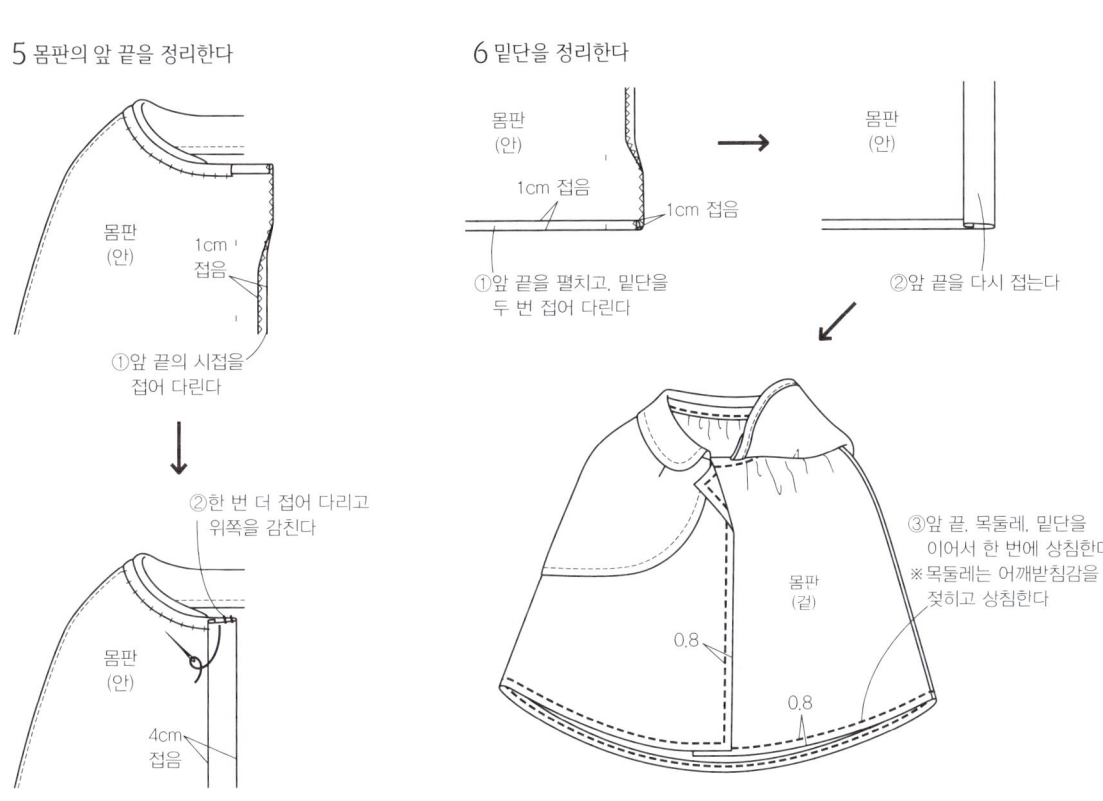

몸판(안)
1cm 접음
1cm 접음

① 앞 끝을 펼치고. 밑단을 두 번 접어 다린다

몸판(안)

② 앞 끝을 다시 접는다

③ 앞 끝, 목둘레, 밑단을 이어서 한 번에 상침한다
※ 목둘레는 어깨받침감을 젖히고 상침한다

몸판(겉)
0.8
0.8

7 몸판에 단춧구멍을 뚫고 단추를 단다

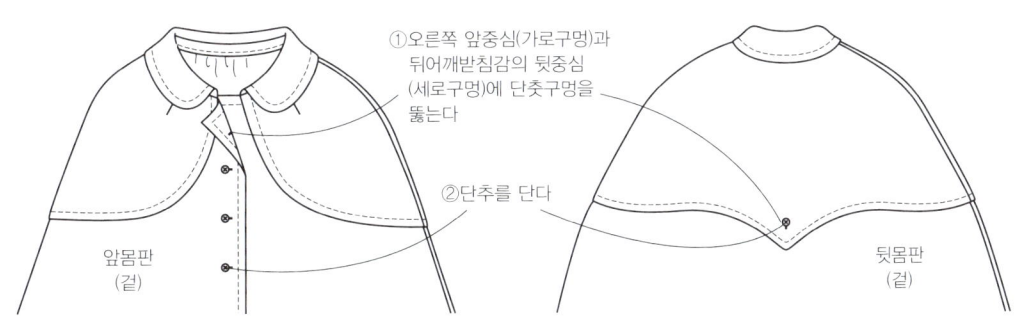

① 오른쪽 앞중심(가로구멍)과 뒤어깨받침감의 뒷중심 (세로구멍)에 단춧구멍을 뚫는다

② 단추를 단다

앞몸판(겉)

뒷몸판(겉)

13 fur tippet

퍼 티핏

PHOTO > P.35
실물크기 패턴 > D 면

[재료]
· 페이크 퍼…110cm폭×20cm
· 리넨…110cm폭×20cm
· 2cm폭 자석 단추…1쌍

[완성 사이즈]
· 목둘레…50cm
· 폭…11cm

재단배치도
※지정 이외의 시접은 1cm

페이크 퍼

├─110cm폭─┤

골선

탈방향

20cm

겉몸판
(1장)

리넨

├─110cm폭─┤

골선

20cm

안몸판
(1장)

만드는 순서

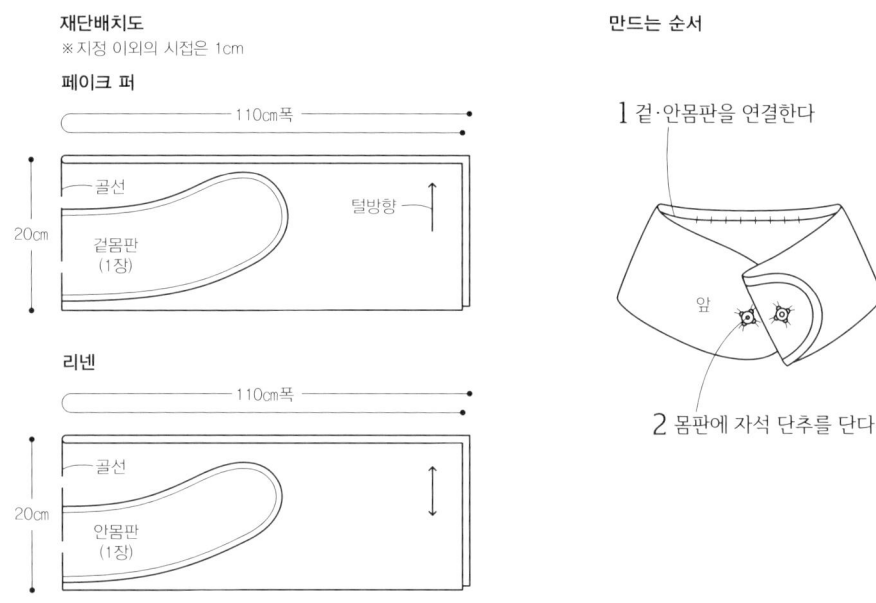

1 겉·안몸판을 연결한다

앞

2 몸판에 자석 단추를 단다

만드는 방법

1 겉·안몸판을 연결한다

①겉·안몸판을 겉끼리 맞대어 창구멍을
제외하고 둘레를 봉합한다

1

안몸판(안)

창구멍 10cm

겉몸판(겉)

②창구멍을 통해 겉으로 뒤집어 공그르기한다

안몸판(겉)

겉몸판(겉)

2 몸판에 자석 단추를 단다

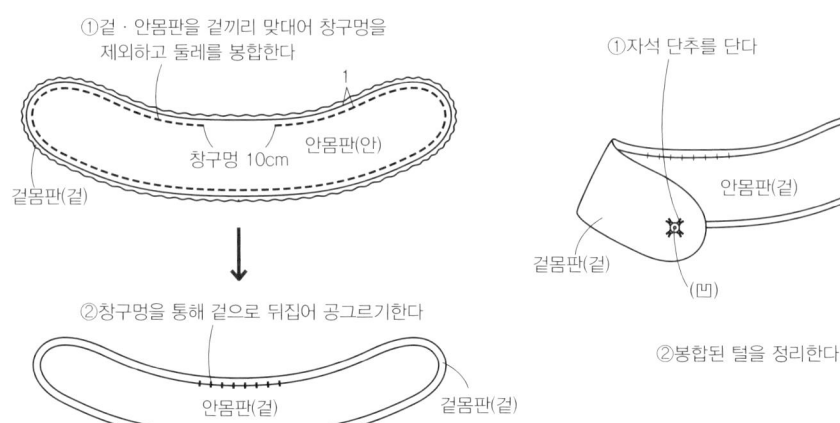

①자석 단추를 단다

안몸판(겉)

(凹)

겉몸판(겉)

(凹)

②봉합된 털을 정리한다

$\underline{14}$ fur hat

퍼 햇

PHOTO > P.35
실물크기 패턴 > D 면

[재료]
· 페이크 퍼…110cm폭×50~55cm
· 리넨…110cm폭×20~25cm
· 0.3cm폭 끈…45cm×2개

[완성 사이즈]
· 머리둘레…50/52/54cm

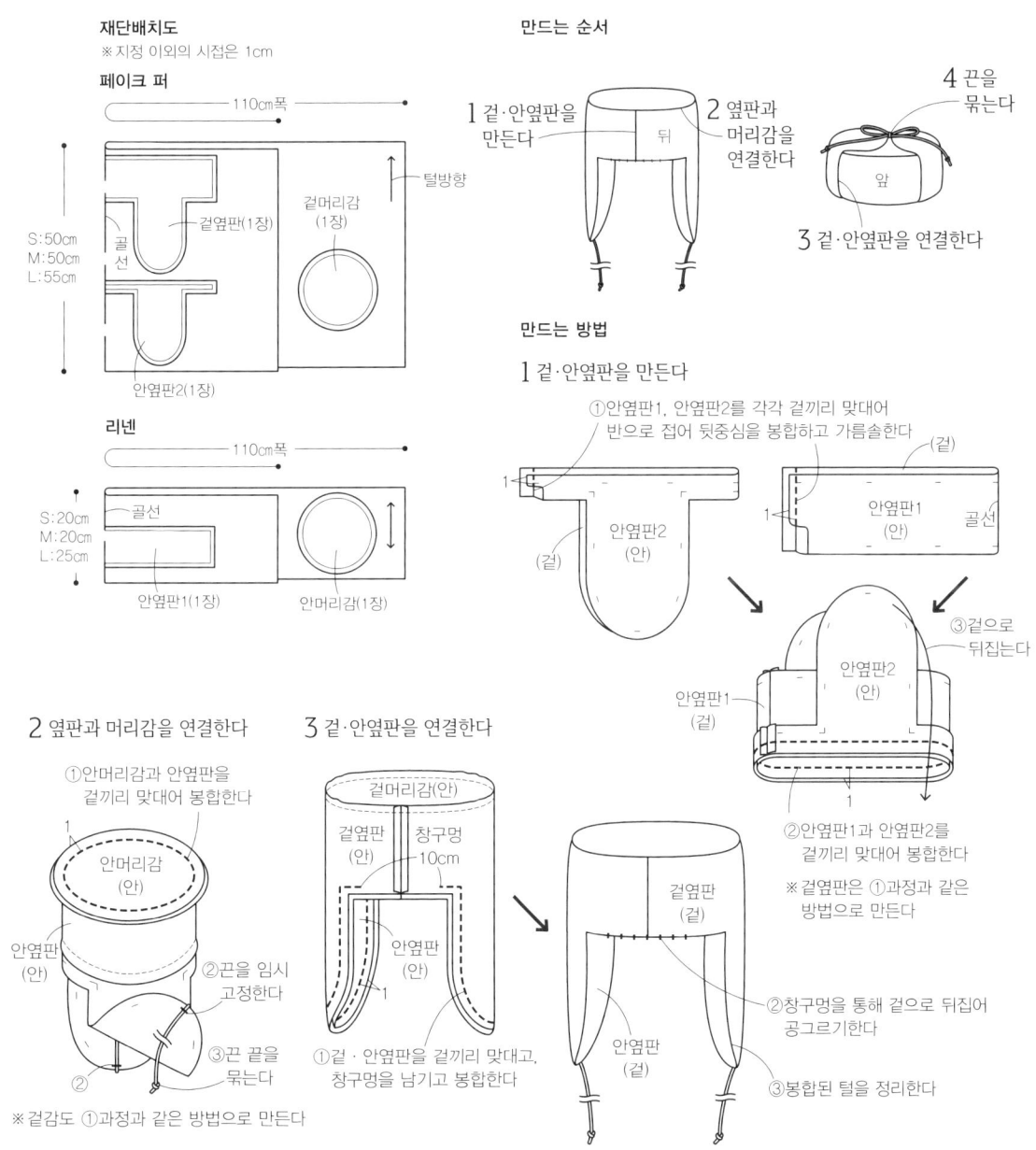

재단배치도
※지정 이외의 시접은 1cm

페이크 퍼

110cm폭

S:50cm
M:50cm
L:55cm

골선

겉옆판(1장)

겉머리감(1장)

털방향

안옆판2(1장)

리넨

110cm폭

S:20cm
M:20cm
L:25cm

골선

안옆판1(1장)   안머리감(1장)

만드는 순서

1 겉·안옆판을 만든다
2 옆판과 머리감을 연결한다
뒤
4 끈을 묶는다
앞
3 겉·안옆판을 연결한다

만드는 방법

1 겉·안옆판을 만든다

①안옆판1, 안옆판2를 각각 겉끼리 맞대어 반으로 접어 뒷중심을 봉합하고 가름솔한다

(겉)
안옆판2(안)
1

(겉)
안옆판1(안)
골선
1

③겉으로 뒤집는다

안옆판2(겉)
안옆판1(겉)
1

②안옆판1과 안옆판2를 겉끼리 맞대어 봉합한다

※겉옆판은 ①과정과 같은 방법으로 만든다

2 옆판과 머리감을 연결한다

①안머리감과 안옆판을 겉끼리 맞대어 봉합한다

1
안머리감(안)
안옆판(안)
②끈을 임시 고정한다
②
③끈 끝을 묶는다

※겉감도 ①과정과 같은 방법으로 만든다

3 겉·안옆판을 연결한다

겉머리감(안)
겉옆판(안)
창구멍 10cm
안옆판(안)
1
①겉·안옆판을 겉끼리 맞대고, 창구멍을 남기고 봉합한다

겉옆판(겉)
안옆판(겉)
②창구멍을 통해 겉으로 뒤집어 공그르기한다
③봉합된 털을 정리한다

79

helium 나카야마 유이

디자이너, 일러스트레이터 일을 하다 출산을 계기로 [helium]이라는 브랜드 디자이너 작가로 활동을 시작한다. 자택인 아틀리에에서 디자인부터 봉제, 판매까지 직접 관리하고 있고, 리넨 등 자연 소재를 사용한 브랜드 세계관과 심플하면서도 세련된 아이 옷 디자인으로 많은 인기를 얻고 있다. 주로 SNS로 작품을 발매하고 있으며, 이벤트와 기획전 등 전국에 다수 출점하고 있다.
http://helium.petit.cc/

번역 손수현

대학에서 일본어 전공 후 국내 최대 소잉관련회사에서 DIY서적 담당MD 및 번역가로 수년간 근무, 현재는 소잉DIY 관련 도서 전문 번역가로 활동하고 있다. 옮긴 책으로는 《직접 만드는 나만의 핸드메이드 스커트 25》, 《리넨으로 만드는 오버핏 여성복 20》, 《입을 때마다 행복한 핸드메이드 여성복》, 《내 손으로 만드는 데일리 백팩 25》, 《직접 만들어 입는 사계절 남성복》 등이 있다.
sonsyun@naver.com

내 아이를 위한
사랑스러운 아동복 만들기

1판 1쇄 인쇄　2020년 01월 06일
1판 1쇄 발행　2020년 01월 17일

발행인	정용효
기획	이슬희, 유윤경, 최의선
번역	손수현
감수	브라이언
편집	전하리
인쇄	웰컴P&P

신고번호	제2016-000002호
신고일자	2016년 01월 26일
발행처	주)핸디스 소잉스토리
	광주광역시 북구 서암대로 133(신안동), 3층

대표전화	062_513_8957
팩스	062_522_8827
문의전화	070_8893_9218
홈페이지	www.sewingstory.com

Printed in Korea
ISBN　979-11-88062-28-7 13590
판매가　16,000원

※ 잘못 인쇄된 책은 구입처에서 교환해 드립니다.
※ 소잉스토리는 소잉 D.I.Y 취미실용서를 출간합니다.

이 도서의 국립중앙도서관 출판예정도서목록(CIP)은 서지정보유통지원시스템 홈페이지(http://seoji.nl.go.kr)와 국가자료종합목록시스템(http://www.nl.go.kr/kolisnet)에서 이용하실 수 있습니다. (CIP제어번호 : CIP2019053310)

STAFF

북디자인	中山夕子(sugarmountain)
촬영	masacova! 森谷秋則
모델	Niu（106cm）
	Nanaka（103cm）
	Hana（97cm）
만드는 방법 해설	今 寿子
트레이스·편집 협력	八文字則子
트레이스	沼本康代
	松尾容巳子
실물크기 패턴 그레이딩	エフェメール
교열	鈴木恵子
편집담당	佐伯瑞代　梶 謡子
발행인	瀬戸信昭
편집인	今ひろ子
발행소	株式会社 日本ヴォーグ社

helium no sewing recipe kokoro ni yorisou kodomofuku (NV80578)
Copyright © Yui Nakayama / NIHON VOGUE-SHA 2018
All rights reserved.
Photographer: masacova!, Akinori Moriya
First published in Japan in 2017 by NIHON VOGUE Corp.
This Korean edition is published by arrangement with NIHON VOGUE Corp., Tokyo
in care of Daijo Corp., Osaka.

Sewing Harue
소잉 하루에

소잉스토리는 소잉 D.I.Y. 서적을 출간하는 소잉 전문 출판사입니다.
〈소잉 하루에〉 시리즈는 소잉스토리의 대표 개발서적 시리즈로,
각 서적에는 All Color 사진 설명서 / 일러스트 제작 설명서가 들어있어
초보자들도 쉽게 따라 만들 수 있습니다.
각 사이즈별로 그레이딩된 실물크기 패턴도 함께 들어있습니다.

[Vol.23] 정성이 깃든 우리 가족 한복 만들기

'정성이 깃든 우리 가족 한복 만들기'라는 주제로 '아동 전통 한복', '아동 생활 한복', '성인 한복', '한복 소품' 총 4가지 테마의 작품 28종이 수록되어 있습니다. 모든 작품의 설명이 All Color 일러스트 제작 설명서로 들어있고 소잉팁과 한복 제작을 위한 하루에 팁도 수록되어 있어 쉽고 즐겁게 작품을 만들 수 있도록 도와줍니다. 우리 가족의 전통 한복부터 생활 한복, 소품까지 다양한 작품들을 만들어보세요!

28작품 수록 / 142쪽
실물크기 패턴 2매(4면) 28종 수록
정가 16,000원

[Vol.22] 미네와 함께 하는 우리 가족 소잉 소품과 의상

'일상에서 함께 하는 우리 가족 소품'이라는 주제로 '나를 위한 소잉', '내 아이를 위한 소잉', '배우자를 위한 소잉' 총 3가지 테마의 작품 39종이 수록되어 있습니다. 모든 작품의 설명이 All Color 일러스트 제작 설명서로 들어있고, Sewing Tip과 소품 제작을 위한 Zipper Tip도 수록되어 있어 쉽고 즐겁게 작품을 만들 수 있도록 도와줍니다. 행복한 일상을 만들어 줄 다양한 아이템들을 만나보세요!

39작품 수록 / 184쪽
실물크기 패턴 2매(4면) 39종 수록
정가 17,000원

[Vol.21] 리넨으로 만드는 엄마와 딸의 커플룩 36

엄마와 딸이 함께 입을 수 있는 커플룩을 소개합니다. '데일리 룩', '피크닉 룩', '리빙 룩', '커플 아이템' 4가지 테마의 작품 36종이 수록되어 있습니다. 소잉에 필요한 다양한 팁을 소개하고 All Color 일러스트 제작 설명서가 들어있어 쉽고 즐겁게 작품을 만들 수 있도록 도와줍니다. 나와 아이가 함께할 커플룩을 만들어 소중한 추억을 남겨보세요!

36작품 수록 / 136쪽
실물크기 패턴 2매(4면) 34종 수록 /
정가 16,000원

[Vol.13] 오버록 미싱으로 만드는 핸드메이드 아이옷(개정판)

오버록 미싱으로 간단하게 만드는 아이옷을 소개합니다. '일상복', '외출복', '홈웨어&언더웨어'의 3가지 테마로 총 24가지의 다양한 아이템이 수록되어 있으며, All Color 일러스트 제작설명서와 전 작품 실물크기 패턴, 아이를 위한 귀여운 액세서리 만드는 법이 담긴 하루에 팁을 소개하고 있어 초보자들도 쉽고 즐겁게 만들 수 있도록 도와줍니다. 우리 아이의 귀여운 옷을 직접 만들어 주세요!

28작품 수록 / 102쪽
실물크기 패턴 2매(4면) 28종 수록 /
정가 14,000원

[Vol.20] Man & Kid Clothes 트렌디한 남성복 만들기

이지 캐주얼 스타일의 다양한 남성복을 소개합니다. 티셔츠, 셔츠, 팬츠, 자켓, 소품 등 다양한 아이템들이 수록되어 있으며, 아이와 함께 입을 수 있는 아이템도 수록되어 있습니다. 소잉에 필요한 다양한 팁을 소개하고 사진 제작 설명서와 All Color 일러스트 제작 설명서가 들어있어 쉽고 즐겁게 작품을 만들 수 있도록 도와줍니다. 세상에 하나뿐인 옷을 만들어 소중한 사람에게 선물해 보세요.

29작품(아동 6작품) 수록 / 124쪽
실물크기 패턴 2매(4면) 29종(아동 6종) 수록 /
정가 15,000원

〈소잉 하루에〉 시리즈

Homepage

패션스타트, 심플소잉, 퀼트스타 및 온/오프라인 서점에서 더 많은 핸디스 소잉스토리의 서적을 만나보세요!

애니멀 프렌즈
Animal Friends

작품을 만들기 가장 좋은 두께로 의상이나 소품, 홈패션으로
사용하기 좋은 패브릭을 기획 생산 하였습니다.

동물친구들의 소소한 일상을 담은
계절에 구애없는 20수 코튼 페이크 데님 입니다.
동심으로 돌아가 보는건 어떨까요?
간단한 소품을 만들어도 감각적인 느낌이 가득합니다.

애니멀프렌즈 3종

사이트 바로가기

@심플소잉
친구추가하기

심플소잉 NCC 오프라인 매장

경기지역	화성동탄점, 분당수내점, 수원영통점, 수지신봉점, 경기광주오포점, 평택소사벌점, 이천창전점, 안양동편마을, 일산주엽점, 수원광교점, 용인죽전점, 남양주별내점, 인천구월점, 서울롯데마트구로점
충청지역	천안백석점, 세종나성점, 청주기경점, 아산배방점, 서산호수공원, 대전노은점, 청주율량점, 천안신방점, 제천중앙점
경상지역	창원남양점, 안동북문점, 울산남구점, 대구범어점, 포항대이점, 김해내외점, 동래온천점, 양산물금점, 울산성안점
전라지역	광주충장점, 순천동외점, 광주첨단점, 목포하당점, 여수엑스포점, 나주빛가람점, 전주송천점, 군산지곡점
강원지역	원주중앙점

온라인 www.simplesewing.co.kr   고객센터 1644-5744   오프라인 www.simplesewing.co.kr/offline/

Natural Sewing Life

Simple  Sewing

심플소잉

누구나 생각하던 일반적인 공방이 아닙니다.

소잉에 필요한 원단, 부재료, 패턴, 서적의
다양하고 풍성한 상품구성 공간!

그동안 눈으로만 봤었던 "재봉틀(미싱)"을
샵에서 직접 만져보고 체험할 수 있는 공간!

본사의 체계적인 관리와 교육을 마스터한 전문강사와
다양한 과정의 수준높은 소잉교육공간!

눈으로 보고, 손으로 만져보고, 몸으로 체험하는
국내 최초 신개념 소잉 복합공간, 소잉DIY멀티샵입니다.

**심플소잉 대리점은
소잉을 통한 즐거움과 행복으로
더욱 풍성해지고 가치있는 삶을 전해드립니다.**

내 삶의 즐거움과 행복을 더해주는 심플소잉 대리점

◎ 경인지역
화성 동탄점 070-4190-3830, 분당 수내점 031-711-0015, 용인 죽전점 031-265-0301
수지 신봉점 031-264-3769, 수원 영통점 031-273-9411, 평택 소사벌점 031-651-7794
일산 주엽점 031-906-6577, 이천 창전점 031-638-0251, 경기광주 오포점 031-767-6415
수원 광교점 031-211-3885, 인천 구월점 032-233-0708, 남양주 별내점 031-572-7353
안양동편마을점 031-703-7249, 서울 구로점 02-6083-8585

◎ 충청지역
천안 백석점 070-4078-9135, 청주 가경점 043-232-0306, 청주 율량점 043-900-3579
대전 노은점 070-7776-5337, 천안 신방점 041-579-7275, 아산 배방점 041-532-5476
서산호수공원점 041-665-0607, 제천 중앙점 043-642-3106, 세종 나성점 070-8820-8922

◎ 경상지역
대구 범어점 053-201-0060, 동래 온천점 051-365-1591, 울산 남구점 052-271-1188
울산 성안점 052-248-8671, 창원 남양점 055-263-5662, 안동 북문점 054-852-5662
포항대이점 054-272-6349, 김해 내외점 055-337-5744, 양산 물금점 055-388-3636

◎ 전라지역
광주 충장점 062-225-5662, 광주 수완점 062-653-2335, 순천동외점 061-900-9965
목포 하당점 061-287-8155, 군산 지곡점 063-468-6338, 전주 송천점 063-278-1088
나주 빛가람점 061-336-6055, 여수엑스포점 061-642-0427

◎ 강원, 제주지역
제주시 제주점 064-733-5151, 원주 중앙점 033-742-9884

Fashion Start

Clothes D.I.Y Shop

패션스타트는 원단, 부자재, 패턴/서적 그리고 미싱 등
19,000여종의 의상 및 소잉 DIY 상품을 갖추고 있으며,
소잉을 처음 시작하는 분부터 고급 수준의 고객님까지
DIY를 사랑하는 모든 분들과 함께 하고 있습니다.
행복한 소잉의 모든 것, 여기는 패션스타트입니다.

패션스타트의 다양한 상품과 스타일,
그 밖에 특별혜택을 지금 바로
사이트에서 확인해보세요.

www.fashionstart.net   T. 1644-8957

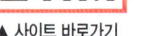

▲ 사이트 바로가기

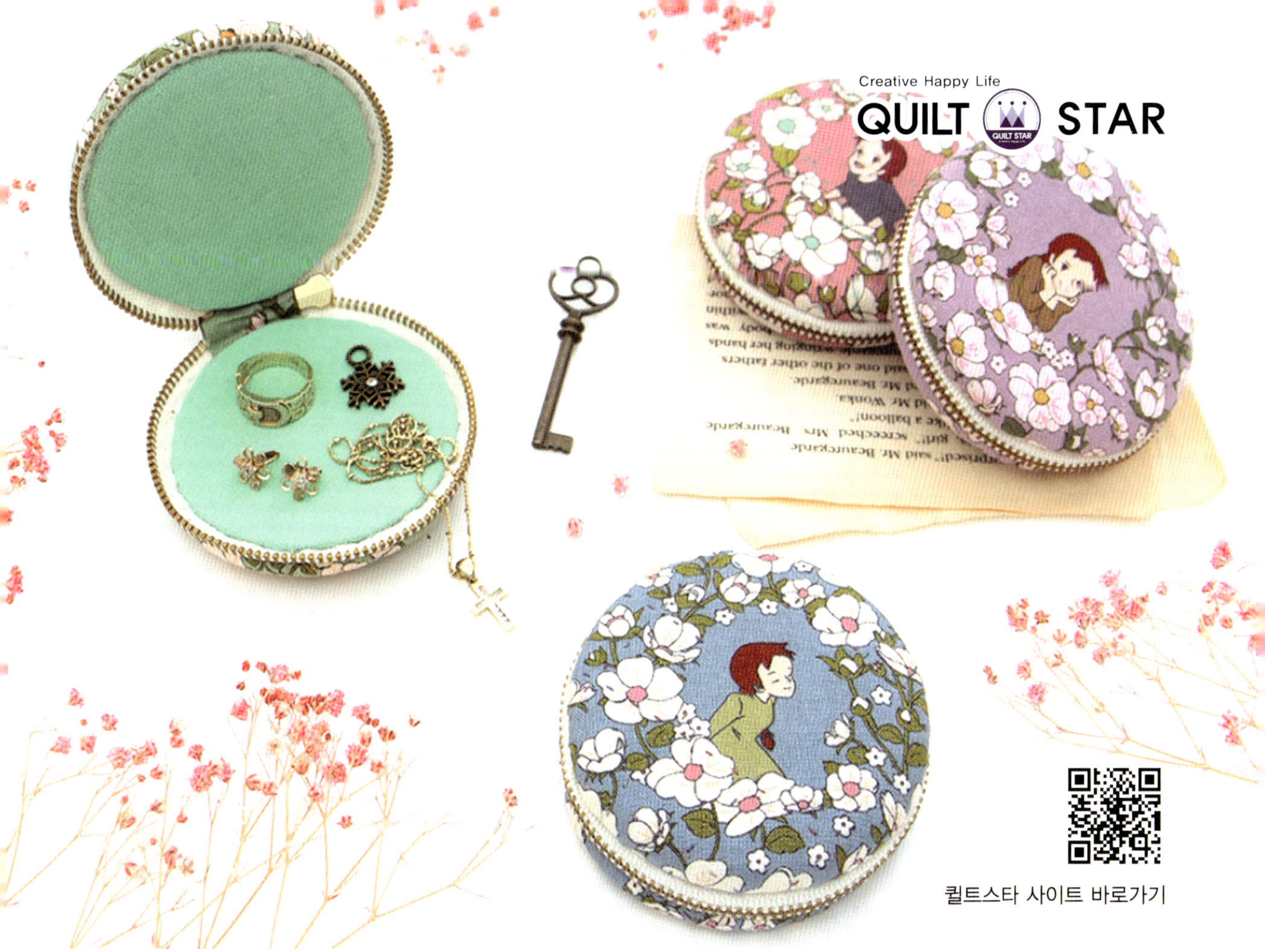

"소잉 미싱의 새로운 기준"

소잉 파이오니아 CC-1877

Sewing Pioneer

제품전체가
특수합금 통주물 구조로
제작되어
뛰어난 힘 & 내구성

작품 제작 크기에
구애받지 않는
넓고 편리한 작업공간

원터치 침판 교체 & "일반,
직선, PRO 전용 침판"을
활용하여 어떠한 상황에서도
최상의 봉제 퀄리티를 구현

**최고급 "디지털 미싱"의
다양한 편의기능**
200가지 패턴, 액정표시창,
LED 전구, 버튼 & 다이얼
기기조작

일반   직선   PRO

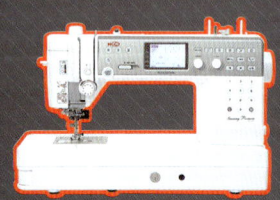

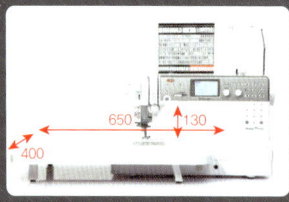

650 130
400

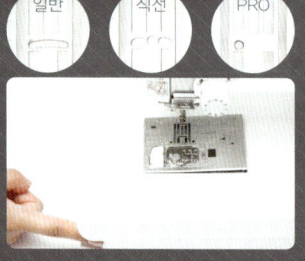

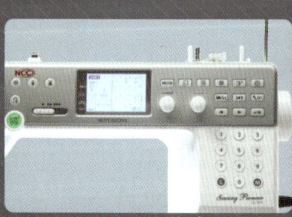